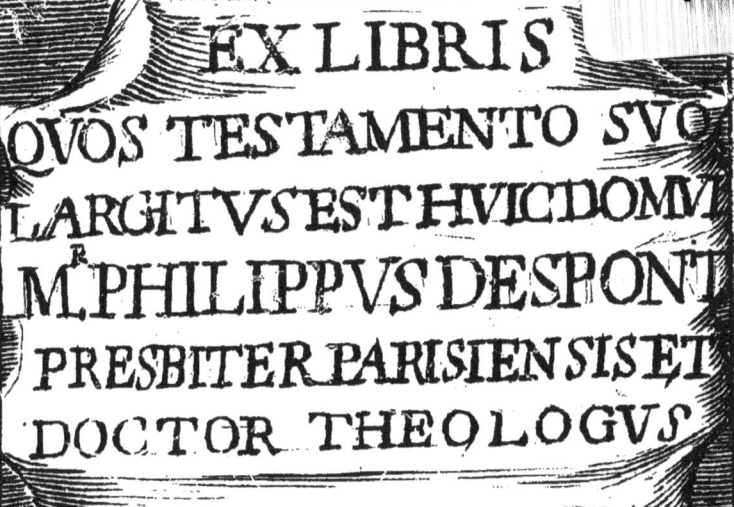

EX LIBRIS
QVOS TESTAMENTO SVO
LARGITVS EST HVIC DOMVI
M. PHILIPPVS DESPONT
PRESBITER PARISIENSIS ET
DOCTOR THEOLOGVS

ORATE PRO EO

Et, discite in terris quorum
Scientia vobis perseueret
in Cœlis
Hieronimus
Epist. 103

G

33118

LES TAPISSERIES HISTORIQVES.

Par IEAN PIERRE CAMVS, *Euesque de Belley.*

A PARIS,
Chez IEAN BRANCHV, ruë S. Iacques,
à la Bible d'or.

M. DC. XLIV.
AVEC APPROBATION.

PREAMBVLE.

EN continuant mes *Histoires Diuerses*, pour ne faire point vne grande & ennuyeuse suitte de Tomes sous vn mesme Titre ; ce qui seroit incommode & aux Libraires & aux acheteurs, ie donne à chacun vne Inscription differente. Les Euenemens sont tous diuers, mais la maniere de les manier est semblable. Il en sera comme des corps humains, qui ne se distinguent que par les visages.

Ie baille à ce Volume le Titre de

PREAMBVLE.

Tapisseries, à l'imitation de Clement Alexandrin, qui a fait de tres-doctes liures sous ceste Inscription, mais qui sont plus fournis de preceptes que d'exemples.

Pour oster aux cauillations de mes Histoires precedentes qui sont toutes veritables, (estant tesmoin oculaire de plusieurs, & ayant appris les autres de tesmoins sans reproche & tres-dignes de foy) & arracher de leurs langues calomnieuses le reproche de Romans, quoy qu'elles soient plustost des Antiromans, puisqu'elles ont esté tissuës pour contrepointer les liures friuoles & dangereux des Romans, & diuertir de leur lecture. Ie ne rapporte icy que des Histoires certaines tirées d'Escriuains de si bon-

PREAMBVLE.

ne marque, qu'il faudra que les calomniateurs ayent perdu le front pour les desmentir. Et pour arracher les dents & la langue à ces couleuures mesdisantes, où consiste tout leur venin, ie cotte fidellement à la fin de chaque Histoire l'Autheur & le Liure d'où ie les ay tirées & triées.

Le triage que i'en fais, ne choisissant que celles qui me semblent les plus specieuses & vtiles, pour ioindre le delectable auec le profitable, est comme le tronc de mon ouurage.

Sur lequel i'ente par le moyen de ma narration, diuers greffes de considerations non moins agreables que solides, me donnant vne liberté de Parafraste, dans le rap-

PREAMBVLE.

port de plusieurs circonstances. I'ay euité autant que i'ay pû de tomber dans les mesmes termes de ceux de qui ie tire ces Histoires, me contentant que la verité du faict demeurast en son entier, sans m'arrester à leurs paroles, desquelles ie n'ay nullement pretendu me rendre Copiste, chacun au regard du recit d'vne Histoire pouuant abonder en son sens sans preiudice du vray.

Cela se void tous les jours au rapport des nouuelles de ce qui se passe dans le monde, chacun les racontant ainsi qu'il les entend, sans alterer la substance de l'affaire.

Quant aux enseignemens moraux que i'en tire à la fin, ce sont

PREAMBVLE.

les vrayes vtilitez de l'Histoire, & les productions de ma reflexion sur chaque Euenement, ce sont comme les nuances de ces *Tapisseries*, & ce qui les desploye, & met en leur jour, pour en faire paroistre les diuers lustres.

De sorte que ce Liure se pourra considerer comme vne tenture de *Tapisserie*, composé de diuerses *Pieces*, dont le fonds sera le choix & le triage que ie fais des Histoires, la Narration fournissant les couleurs, les assortissemens & les aggréemens. Et les fruicts que j'en tire feront l'vsage que l'on prend des Tapisseries, soit pour la commodité, soit pour l'embellissement du dedans de la maison, c'est à dire, de nostre inte-

ã iiij

PREAMBVLE.

rieur, en l'ornement de nos ames par les bonnes mœurs, & les vertueuses habitudes.

Fuir le mal, & faire le bien pour la gloire de Dieu, voila le but où battent ces *Tapisseries Historiques*, & la fin derniere, principale, & souueraine où ie desire que visent & se terminent non seulement mes escrits, mais encore mes paroles & mes actions, voire mesme toutes mes pensées.

TABLE DES HISTOIRES CONTENVES en ce Liure.

Histoire Premiere.

La Continence Guerriere. page 1

Histoire II.
Le Prince Penitent. page 16

Hist. III.
L'Equité Triomphante. page 31

Hist. IV.
Le Tire-laiſſe. page 50

Hist. V.
La Moderation, & la Iuſtice. p. 56

TABLE.
HIST. VI.
La Fidelité desnaturée. p. 66
HIST. VII.
Le Prince redouté. p. 73
HIST. VIII.
Le Railleur desherité. p. 80
HIST. IX.
La Pieté & la Pitié. p. 90
HIST. X.
Le chastiment de la Taquinerie. p. 96
HIST. XI.
L'Abstinence Episcopale. p. 101
HIST. XII.
L'Avarice cruelle & perfide. p. 111
HIST. XIII.
La Generosité Royale. p. 118
HIST. XIV.
Le Frein de la colere. p. 125
HIST. XV.
La Fuite de l'estime. p. 132
HIST. XVI.
L'innocence justifiée. p. 139

TABLE.

HIST. XVII.
La faim de Iustice. p. 150

HIST. XVIII.
La paix plastrée. p. 162

HIST. XIX.
L'impie crapule. p. 170

HIST. XX.
La fureur de la jalousie. p. 177

HIST. XXI.
La pieuse impieté. p. 182

HIST. XXII.
La saine Sobrieté. p. 188

HIST. XXIII.
La cruelle abstinence. p. 193

HIST. XXIV.
La valeureuse courtoisie. p. 197

HIST. XXV.
L'innocente adultere. p. 207

HIST. XXVI.
L'insolent Concussionnaire. p. 215

HIST. XXVII.
L'Energie de l'Exemple. p. 220

TABLE.
HIST. XXVIII.
La Recherche honteuse. p. 227
HIST. XXIX.
L'Opiniastreté guerie. p. 234

FIN.

Approbation des Docteurs.

NOvs sousfignez Docteurs en la Sacrée Faculté de Theologie à Paris, Certifions auoir diligemment leu le Liure qui porte pour Titre *Les Tapisseries Historiques*, Composé par Monseigneur l'Illustrissime & Reuerendissime Euesque de Belley, dans lequel Liure nous n'auons rien trouué contre la Doctrine de l'Eglise Catholique, Apostolique & Romaine. Fait à Paris le 1. Mars, mil six cens quarante & quatre.

DELISLE-MARIVAVLT.

I. BLONDEL.

LES TAPISSERIES HISTORIQVES.

La Continence Guerriere.

Histoire I.

Es Florentins estans encore en Republique, eurent vn different auec ceux de la Seigneurie de Lucques touchant leurs confins. Surquoy n'aians pû s'accorder, ny mesme conuenir d'Arbitres qui les accommodassent, il en fallut venir aux armes, qui sont les dernieres, & les plus puissantes raisons des Souuerains.

Et parce que les Republiques ou Aristocratiques ou Democratiques sont en vne perpetuelle deffiance que quelqu'vn des

Concitoyens ne se rende si puissant en biens & en armes, qu'il puisse empieter la Principauté, & changer la forme du Gouuernement, quand il est question de faire la guerre elles prennent pour l'ordinaire des Chefs estrangers pour en faire des Generaux d'armée, de peur que quelqu'vn du païs s'autorisant par les armes, ne se rende Souuerain & maistre absolu de la liberté populaire.

A raison de cela les Florentins choisirent François Sforce Duc de Milan pour General de leur armée en ceste guerre, en laquelle les Lucquois se trouuerẽt les plus foibles, & sans l'assistance des Genois & des Venitiens qui auoient interest à leur conseruation ils eussent esté plus mal traittez, & possible subiuguez entierement comme Pise & Sienne, pour ne dire tout à fait opprimez.

La forteresse de Casauane qui estoit la principale clef de l'Estat des Lucquois fut battuë par Sforce Chef des armes Florentines, & emportée d'assaut, la ville aussi-tost voulut capituler mais il n'estoit plus temps, quoy qu'elle se rendist à discretion, la discretion des soldats est l'indiscretion mesme, elle fut donc abandonnée au pillage & à la fureur des victorieux, qui outre le butin & le sac des biens y commirent les meurtres, les carnages, les incendies, les violemens & toutes les insolences & forceneries qui ont de coustume d'estre exercées en de pareilles rencontres, ou la licence soldatesque comme vn torrent desbordé rauage & ruine tout.

Parmi les outrages il n'y en a point de plus horribles, ny dont le cri se porte plustost vers le Ciel que celuy des rapts & des femmes & filles forcées & deshonorées. Il y eut vne fille parmi les autres de tres eminente beauté laquelle estant nouuellement fiancée à vn ieune homme de la ville, aiant donné dans les yeux de plusieurs concurrens, qui comme loups affamez aspiroient apres la proye de son integrité, il se fit entr'eux vn carnage estrange à qui elle demeureroit, chacun d'eux voulant sa part en ceste toison d'or, & piller ce qui ne se peut perdre qu'vne fois irreparablemét. La raison n'est pas ouye parmi la violence des armes, ioint que la passion furieuse qui les aueugloit n'est pas compatible auec la raison. Ceux qui proposerét de ietter au sort ceste despoüille ne furent pas oüis: les espées furent tirées qui deciderét la querelle aux despens de la vie de quelques-vns, & des playes de quelques autres. Comme elle estoit sur le poinct d'estre enleuée & forcée par ceux qui demeuroient les maistres de la maison, Dieu luy inspira vn stratageme pour la conseruation de son honneur & de sa pu-

A ij

reté, qui reüssit plus auantageusement pour elle, qu'elle n'eust iamais pensé.

Tant il est vray que le Dieu de pureté, qui aime la generation chaste & illustre, est ialoux de l'hônesteté, & protecteur puissant de celles qui iettent en luy toute leur esperance.

Car comme les personnes chastes sont les Temples viuans du sainct Esprit, combien est-il soigneux de les preseruer de prophanation, & de quels chastimens ne sont accueillis ceux qui en sont les sacrileges.

Elle s'aduisa donc de leur dire qu'ils prissent garde à eux, qu'il y alloit de leur vie s'ils attentoient à sa personne, d'autant qu'elle sçauoit qu'elle estoit, à raison de sa beauté, reseruée pour le Duc de Milan qui estoit leur general. Cela mit de l'eau dans leur vin, arresta leur violence, & leur fit penser à la conseruation de leur vie, plustost qu'à l'assouuissement de leur plaisir brutal, sçachans que si cela estoit vray, comme il y auoit grande apparence, ils ne pourroient iamais euiter son indignation, & en suite vn trescruel supplice.

Surpris donc en vn instant d'vne autre tentation qui fut celle de tirer vne grande recompense en presentant ceste belle proye à leur General, ieune Mars qui n'estoit pas en mauuaise intelligence auec la Duchesse de Cypre, ils s'abstindrent de leur desir, & le soir, allerent presenter ceste fille au Duc qui estant de Naphthe à de tels feux, en fut aussi tost esperdu qu'il l'eut veuë, & deuint en vn instant si captif de sa prisonniere. Comme c'estoit vne œuure de tenebres elle est soigneusement reseruée pour la nuict de cet Holopherne triomphant.

Ceste innocente victime estant presentée à ce genereux General, & ayant appris d'elle le stratageme dont elle s'estoit seruie pour eschaper des griffes des Lyons, & de l'infame appetit des soldats qui l'eussent entierement perduë, il ne fut pas moins touché de la gentillesse de son esprit que des graces qui paroissoient en leur haut appareil sur son visage, & pour essayer si elle auoit quelque affection pour luy (ne voulant pas posseder vn corps dont l'ame fust esloignée de luy, comme s'il eust eu l'accointance d'vne personne trespassée) il feignit de luy laisser le choix d'appartenir à ceux qui la luy amenoient, ou à luy.

Ceste honneste fille sans se trauailler & sans perdre le iugement parmy tant de frayeurs & de desespoir, luy respondit de fort bonne grace, qu'elle seroit bien inconsiderée, si elle ne preferoit les embrassemens d'vn si beau Prince, & d'vn si valeureux Chef d'armée, à ceux de ces soldats enragez, qui sembloient n'auoir rien d'humain que le visage. Le choix si franc fut autant d'huile iettée sur la flamme qui deuoroit desia le cœur du Duc.

Qui luy fit vne promesse toute autre qu'il ne pensoit lors, de la prendre tellement en sa protection qu'elle auroit occasion de l'aimer & de l'estimer toute sa vie. Cependant il la donne en garde à vn Vagar, ie veux dire à vn de ses plus fideles Officiers, pour la luy amener durant la nuict, apres qu'il auroit donné les ordres necessaires à la conseruation & à la seureté de la citadelle & de la ville prise.

Le iour estant passé, & ayant fait place au voile de la nuict, comme il attendoit ce butin dans le lict auec des dispositions aussi differentes de ce qu'il fit, que celles de S. Paul lors qu'il fut conuerty par la voix & le rayon celestes, ceste fille plus morte que viue, & tremblante comme vne Colombe qui va tomber entre les serres du Milan, & souffrir force ou pour mieux dire Sforce forçant son honneur, par pure inspiration du Ciel, qui aide opportunement aux plus pressantes tribulations.

Ayant apperceu vn Tableau de la saincte Vierge qui estoit par bonne auanture dans la chambre que l'on auoit preparée pour le repos du Prince. Elle se ietta à genoux deuant ceste Image, & ayant inuoqué chaudement l'intercession & l'assistance des prieres du miroir des Vierges, qui est tousiours exaucée par son fils qui est l'Espoux & la Couronne des Vierges, à raison de sa reuerence maternelle. Elle receut sur le champ l'entherinement de sa requeste.

Car le Duc luy ayant demandé ce qu'elle faisoit là ainsi prosternée: Monseigneur, dit-elle, ie prie la tres saincte Vierge dont voilà l'Image qu'elle m'impetre de Dieu la grace que ie desire de vous, & qu'il dispose vostre cœur à ne reietter pas mes tres-humbles prieres. Demandez hardiment, luy dit le Prince, saisi interieurement d'vn sainct respect, il n'y a rien que vous n'obteniez de moy en consideration de l'honneur que ie porte à la diuine mere de mon Sauueur, qui m'a donné auiourd'huy vne si glorieuse victoire.

Plaise au mesme Seigneur par les prieres de sa saincte Mere vous en donner encor maintenant vne plus signalée sur vous mesme, en vous inspirant la conseruation de ma virginité, souuenez-vous que dans l'ardeur de ma premiere veuë vous m'auez promis vostre protection, & de me faire ressentir des effects de vostre clemence dont i'aurois sujet de me

A iiij

loüer & de vous honorer toute ma vie, souuenez vous encor de ce que vous venez de dire, que vous ne me sçauriez rien refuser de ce que ie vous demanderay au Nom de Iesus-Christ & en l'honneur de sa diuine Mere. Monseigneur ie vous demande auec larmes en l'honneur de l'enfant & de la mere la conseruation de mon honneur, & outre la gloire du Ciel vous en receurez le centuple dés ce monde auquel la gloire de vostre continence sera celebrée à perpetuité. Si vous me faites ceste grace, & que vous me rendiez entière à mon fiancé qui est du nombre de vos prisonniers, s'il n'a accreu celuy des morts, j'auray sujet de publier à iamais que vous estes le plus vaillant, aussi estes-vous le plus honneste Prince de la terre.

Ce discours plus diuin qu'humain (car c'estoit sans doute le sainct Esprit qui parloit par elle, & qui respandoit sa grace sur ses levres) sortant d'vne bouche & d'vn visage Angeliques, eurent tant de pouuoir sur l'esprit de ce genereux Prince qu'en vn instant par vn changement de la droite du Tres-haut, il deuint vn autre homme, & la chair & le sang n'eurent plus le pouuoir de le faire acquiescer à vne pensée contraire à la pudicité de ceste fille. Il sentit amortir en soy tout à coup le feu de la conuoitise sensuelle, & iura

Historiques.

de l'aimer comme sa sœur, & de conseruer son honnesteté comme la prunelle de ses yeux.

L'aiant renuoiée passer la nuict en paix & en pudicité, il se laissa aller au repos qui fut suiuy d'vne parfaite tranquillité de corps & d'esprit, car la chasteté est autant la mere de la vigueur & de la force, que le vice qui luy est contraire est remply d'inquietudes & de la ruine de la santé corporelle,

Nam Venus eneruat vires, & copia Bacchi
Et tentat gressus, debilitatque pedes.

Le matin reueillé de son sommeil, il eut vne ioye de triomphe bien plus grande de s'estre surmonté soy-mesme, que d'auoir mis ses ennemis comme l'escabeau de ses pieds: car

Fortior est qui se, quam qui fortissima vincit
Mœnia, nec virtus altius ire potest.

Et c'est vne volupté bien plus douce d'auoir vaincu les voluptez, que de s'y estre laissé emporter, puisque la tristesse & le repentir sont tousiours à la suite de leur iouïssance.

Pour acheuer donc de couronner cet acte de Continence guerriere, & de diaprer ceste couronne de l'email des fleurs & des pierreries de plusieurs autres vertus, il commanda que l'on cherchast parmi les morts & les prisonniers le fiancé de ceste fille afin de ioindre la liberalité, la douceur, la clemence, la courtoisie, la munificence à la pudicité, car les Graces vont tousiours en compagnie, & les vrayes Vertus, selon la maxime Philosophique ne sont iamais les vnes sans les autres.

S'il se fust trouvé mort son dessein estoit de luy faire faire des obseques honorables, & de marier ceste fille à quelque grand parti en luy fournissant vne dote conuenable, & qui correspondist au merite de ceste fille, & au courage du Prince qui la marioit.

Mais de bonheur il se monstra parmi les prisonniers. Ce fut peu de luy donner la liberté sans rançon, il la donna encor à tous ceux de son lignage, voire à ceux de ses amis pour lesquels il le pria, leur fit rendre leurs biens, fit le mesme aux parens de la fille, reparant le dommage qu'ils auoient souffert au sac de la ville. Et ne se reseruant autre part du butin que la gloire de le distribuer à ceux qui s'estoient vaillamment comportez, il prit de ses propres deniers vne grande somme dont il gratifia ceste fille & son fiancé, faisant solemniser les nopces, auec toutes les pompes & tout l'appareil dont il se peut auiser. Publiant au reste tout haut l'excellente pieté, chasteté, & honnesteté de ceste fille, en laquelle il auoit bonne part, en ayant esté le

Historiques. 11

Protecteur, le Deffenseur, le Gardien, & comme le Dragon conseruateur des pommes d'or du Iardin des Hesperides: la remettant entre les bras de son espoux vierge, pure, & entiere.

Vous pouuez mieux iuger que moy des rauissemés de ces deux espousez, sur les Vertus du Prince, & sur les immortelles obligations qu'ils luy auoient se voyans par luy comblez de tant de biens & d'honneur, sans l'auoir iamais merité par aucun seruice. Mais c'estoit sur l'autel de la vertu qu'il sacrifioit toutes ses actions. Vertu qui est à elle-mesme vne assez ample recompense. Outre celle que ces actes de iustice pouuoient attendre des mains du iuste Iuge, qui a des salaires pour toutes sortes de bonnes œuures, & des couronnes qui ne flestrissent iamais pour celles qui sont faites en son amour & pour son amour.

Il n'est pas possible d'exprimer les ressentimens de ces mariez pour de telles obligations, qui passent tout moyen de les recognoistre, mais les retentissements de la renommée, à qui la renommée donne tant d'ailes & tant de langues pour porter & publier par tout l'estime des actions heroïques comme sont celles-cy desquelles on peut dire auec ceste belle Muse des Romains:

*Dum domus Ænea Capitoli immobile saxum
Accolet, imperiumque Pater Romanus habebit,
Semper honor, nomenque tuũ, laudesq; manebunt.*

Et de fait voyez comme vne volupté passagere qui se fust esuanouye comme le songe d'vne nuict, ou comme l'ombre d'vn songe, estant mesprisée & reiettée apporte de gloire à ce Prince puisque l'histoire en conseruera la memoire à la posterité tant que la vertu de Continence qui est la mesme honnesteté, sera en honneur dans l'estime des bonnes ames, c'est à dire à perpetuité.

Que de rares & vtiles enseignemens pour l'instruction de nos mariez nous fournit ceste piece. 1. Combien la cause est malheureuse qui produit des effects si funestes comme est la guerre, aussi est elle le plus sanglant & redoutable des trois plus grands fleaux de ceux dont Dieu afflige les pecheurs.

2. Que la prise violente & le saccagement des villes, est le comble de toutes les rages & forceneries de la guerre.

3. Qu'entre ces fureurs celle du forcement & violement des femmes & des filles est d'autant plus grande, qu'elle rauit le plus considerable de tous les biens qui est l'honnorable, lequel par les vrayes & iustes estimations est preferé à l'vtile, & au delectable voire à la propre vie, puisqu'il est permis

Historiques.

de l'expofer au hazard, voire de la perdre, pour le conferuer.

4. Que la grace quelquefois furabonde ou abonde le delict,] & quoy que le mot de *caſtra* fe prenne par antifrafe auſſi bien que celuy de *bellum*, comme qui diroit *minime caſta*, & que l'on die aſſez fouuent que

Ny foy ny pieté ne font parmy les armes.

Vous voyez neantmoins que la grace du ciel perce tous ces obftacles, & fe rencontre dans vn courage martial, & en vn inftant y loge la pudicité.

5. Que la grace du fainct Efprit haït les delais, & agit en vn inftant, femblable à l'efclair qui fe monftre en Occident auſſi toft qu'il paroift en Orient.

6. Que la continence eft vn don de Dieu, felon ce qui eft efcrit, qui peut eftre continent fi Dieu ne le donne. Et encore, qu'il n'y a point de prix auquel fe puiffe eftimer & pefer vne ame continente.]

7. Qu'elle eft d'autant plus eftimable quand elle fe trouue dans vn Prince fouuerain, & ieune, & guerrier, qui font des qualitez ordinairement peu accompagnées de cefte Vertu, & qui femble tenir du miracle quand elle s'y rencontre, que c'eft comme les trois enfans de la fournaife ne fentir point de chaleur au milieu des flammes.

8. Que Dieu qui fait sortir la splendeur du milieu des obscuritez] fait prescher sur les toits vn acte heroïque de chasteté, fait dans l'obscurité des tenebres] mettant au iour ce qui s'est pratiqué au milieu de la nuit: n'y ayant rien de si caché, soit bien, soit mal, qui ne vienne enfin en euidence.

9. Combien est efficace la priere faite en Foy viue & sans hesiter,] & combien il est vray que ceux qui mettent toute leur confiance en Dieu, ne sont iamais confondus de leur attente.]

10. Le zele du grand Apostre sur la pureté des Vierges, quand il leur disoit: ie suis ialoux de vous d'vne ialousie de Dieu, car i'ay desir de vous presenter chastes & purs à Iesvs-Christ,] zele qui peut estre remarqué en ce genereux Prince dont l'honnesteté fait le principal lustre de ceste Histoire.

11. Que si celuy-là est appellé heureux, & hautement loüé en l'Escriture qui a pû transgresser la Loy de Dieu s'en est abstenu, faire le mal & ne l'a pas voulu que doit-on dire de la Continence de ce braue Capitaine en vne occasion si chatoüilleuse.

12. Voyez l'agreable stratageme que l'esprit de Dieu suggere à ceste fille pour guarantir son honneur de la gueule de ces Loups affamez. Daniel entre les Lyons, & Susanne au

milieu des deux vieillards estoient ils en plus grand danger.

13. Dieu attaint puissamment à sa fin par des dispositions extrémement subtiles & suaues,] il faut faire cognoistre aux peuples ses inuentions,] & comme ses yeux sont sur les iustes,& leurs oreilles attentiues à leurs prieres.]

14. Pesez l'vtilité des images, & principalement en ceste occasion, combien de gens ont esté par leur aspect retenus de mal faire, combien d'autres excitez au bien par leur veuë, ce qui est proposé au sens, specialement des yeux, passant soudain, & comme vn éclair dans l'entendement, & de l'entendement dans la volonté.

15. Enfin combien est efficace l'intercession de la saincte Vierge, à laquelle son fils, non plus que Salomon à sa Mere, (luy qui est infiniment plus que Salomon) ne peut rien refuser. (*Le Collecteur des Histoires anciennes & modernes appariées. Liure* 1. *chapitre* 3.) 13.

Le Prince Penitent.

Histoire II.

Nous ferons suiure le Prince Continent, par vn Incontinent, mais Penitent, & qui apporte autant d'edification à l'Eglise par sa Penitence, qu'il luy auoit donné de scandale par sa sacrilege des-honnesteté.

EDGAR Roy de la grand Bretaigne fut vn Prince grand Iusticier, & qui au commencement de son regne donna de si grandes preuues de sa vertu, que l'on iugea par ces tesmoignages du bon-heur qui le deuoit accompagner. Mais comme aux Chrestiens, dit vn ancien Pere, on n'a pas tant d'esgard aux commencemens qu'à la fin, car ce n'est pas le tout de commencer par l'esprit, si l'on finit par la chair,] la couronne n'estant promise qu'à celuy qui perseuerera dans le bien iusques à la fin.] Et côme les plus belles matinées des iours qui presagent vn temps serain, sont quelquefois suiuies de brouïllars, & d'orages, aussi la suite ne correspond pas tousiours au commencement, celuy-cy promet, celle-là tient, & entre promettre & tenir il y a vn long

long espace, selon l'ancien prouerbe, du dire au fait, y a grand trait.

David fit des merueilles en sa ieunesse, & au commencemét de son regne, il eut l'honneur d'estre appellé de Dieu mesme, homme selon son cœur, & faisant toutes ses volontez] qui est vn eloge des plus signalez qui se puisse imaginer, selon que luy-mesme dit: Seigneur, ne taisez pas ma loüange,] & encore mon ame sera loüée par le Seigneur, les debonnaires l'entendront, & en seront réjouys,] & parmy les noms auantageux & illustres que Dieu donne à l'ame iuste par vn de ses Prophetes, cestuy-cy est notable, tu seras appellée ma volonté en elle.] Et le Sauueur en l'Euangile dit, que quiconque fait la volonté de son Pere celeste, est sa mere, son frere, & sa sœur.]

Cependant ce David si esleué en grace, tenté du demon de l'incontinence, tresbucha dans les deux abismes de l'adultere & de l'homicide, d'où la main misericordieuse de Dieu le retira, toutefois en luy inspirant l'esprit de componction & de penitence, selon ce que luy-mesme a chanté; Seigneur, le cœur contrit & humilié ne vous sera point à mespris.]

Se peut-il souhaiter vn commencement de regne plus heureux, & plus florissant que celuy de Salomon, ce Prince Sage d'vne Sagesse d'enhaut, & qui auoit tant de graces, & cognoissances que toute la terre estoit remplie de la reputation de son nom, & des rayōs de sa gloire, cependant chacun sçait iusques ou le reduisit le fol amour des femmes, & comme il l'aueugla de telle sorte qu'il se plōgea dans des idolatries & des voluptez infames, iusques à laisser le monde en doute de son salut ou de sa damnation, ses fautes nous estans cognuës par la parole de Dieu, mais non sa repentance.

Edgar obscurcit la gloire du commencement de son regne, par vne passion à qui l'on met vn bandeau sur les yeux, pour symbole de son aueuglement. Quoy qu'il fust dans vn sainct & legitime mariage, neantmoins ses yeux deuindrent adulteres, & laisserēt entrer le delict dans son cœur] par vne conuoitise, laquelle ayant conçeu vn mauuais consentement enfanta le peché, & le peché la mort de son ame,] & comme vn abysme en appelle plusieurs autres, la beauté d'vne ieune fille de grande & illustre maison, ayant esté l'escueil où il auoit fait naufrage de sa franchise, comme l'on s'apperçeut du feu qu'il auoit allumé en son cœur, par la puante fumée de ses sollicitations, & poursuites, au commencement secrettes, & enfin autant publiques & impu-

dentes qu'elles estoient impudiques.
—— *quis enim celauerit ignem,*
Lumine qui semper proditur ipse suo.

Les parens qui estoient de grande qualité, & qui ne pouuoient souffrir de voir ceste honteuse tache tomber sur leur sang, apres auoir essayé tous les moyens pour oster cét object de deuant les yeux du Roy, tenans ceste fille sous des gardes plus estroites que Danaë, à la fin craignans que les murailles du siecle ne pussent estre à l'espreuue de la pluye d'or, ils la mirent dans le Monastere de Vincestre, ou les Moniales dans vne perpetuelle & inuiolable Closture gardoient les vœux qu'elles auoient faits à Dieu.

La fille non moins amoureuse de la conseruation de son honneur, que ses parens en estoient jaloux, consentit bien volontiers à ceste sorte de prison, ou elle ne se fut pas plustost enfermée, que le desir luy prit d'estre Moniale, & demanda le voile auec de grandes instances, quoy que ses parens eussent dessein de la marier, & qu'elle fust l'object de plusieurs notables partis.

Mais la violence dont le Roy se porta en ceste recherche, le feu de sa passion se piquât & se renforçant par les difficultez & les oppositions, fit cesser toutes les poursuites des pretendans, y ayans peu de gens qui vueil-

B ij

lent courir en cefte lice auec les Roys, car
Nec regna foctum ferre nec tedæ queunt.
L'Amour & le trofne ne pouuans fouffrir de
riuaux, & la colere d'vn Roy eftant plus redoutable que le rugiffement d'vn Lyon, & fa
jaloufie afpre comme l'Enfer.]

Tant s'en faut que le voila qui dérobe aux
yeux de ce Prince la veuë de ce beau vifage,
pour lequel il brufloit auec non moins d'im-
puiffance que d'impatience, effaçaft fon idée
de fa memoire, que cela fit le mefme effect
dans fon cœur, que les fournaifes qui rendét
plus ardent le feu qu'elles refferrent, & les
cendres, plus vif & plus chaud celuy qu'elles
couurent.

Il alloit abattre les murailles du Monafte-
re de Vinceftre, fi les Sanctimoniales ef-
frayées de fes menaces qui n'eftoient que de
feu & de fang n'euffent mis hors de leur enceinte cefte pauure fille qui s'y eftoit iettée
comme en vn azyle, & en vne Cité de refuge,
& ne luy euffent leué le voile, pour laiffer aller ce fragile nauire, comme vn vaiffeau perdu, au milieu des orages & des tempeftes qui
ne manquerent pas de l'engloutir auffi-toft :
le Roy s'eftant faifi de ce beau corps, hofte
d'vne belle ame, laquelle n'ayant iamais con-
fenty à fes embraffemens, que par force non
par amour, il en joüiffoit auec vn plaifir meflé

de douleur & d'amertume, comme s'il se fust approché d'vn corps mort dont l'ame estoit esloignée.

Car n'estant accueilly que par des cris, des larmes, des sanglots, des souspirs & des desespoirs, au lieu des affections du cœur qu'il se promettoit de moissonner auec ses delices sensuelles, il estoit comme vn nauire qui brusle au milieu de la Mer, & qui perit dans son propre remede. Ainsi son fol amour luy estoit vne amertume tres-amere *amor amaror erat*, & il experimentoit ce que dit ce Poëte,

Nec lachrymis crudelis amor, nec flumina ripis,

Nec cithyso saturantur apes, nec rore cicadæ.

Ny les caresses, ny les presens, ny les prieres, ny tous les artifices dont il se pouuoit auiser pour se rendre aimable à cette fille qui ne le regardoit que comme vn Tyran & le Violateur de son integrité, & qui ne payoit ses sousmissions & ses affections, que de haines, d'iniures & d'outrages, ne firent iamais aucune impression sur ce cœur chastement irrité, & iustement indigné.

Souuent il tascha de se guerir par le despit, & de mettre la haine en la place de son amour, appellant la vengeance pour arracher le trait de sa playe, & faire sentir à ceste belle rebelle, & ceste pudique insolente, à ceste chaste criminelle, iusques où va l'indignation d'vn Roy outragé. Mais la molle flamme qui deuoroit ses moëlles, & le feu de son amour plus grãd que celuy de son courroux, au lieu de s'esteindre, se r'enflammoit comme celuy des forgerons par l'eau des larmes, & par le vent des souspirs de ceste fille iustement irritée.

Ire iterum in lachrymas, iterum tentare precando,
Cogitur, & supplex animos demittere amori,
Improbe amor quid non mortalia pectora cogis.

Iamais pourtant il ne pust rien gaigner sur l'inuiolable chasteté de cét esprit dont il auoit indignement violé le corps, & dont il ne jouyssoit qu'à viue force, ce qui luy estoit vn merueilleux rabat ioye dans le triomphe de ses illicites plaisirs.

Mais c'est le propre de tous les vices d'auoir plus d'espines que de roses, plus d'aiguillons que de miel,

Habet omnis hoc voluptas,
Stimulis agit fruentes,
Apiumque par volantum,
Vbi grata melle fudit,
Ferit icta corda morsu.

Tous les vicieux seruent des Dieux estranges qui ne leur donnent repos ny nuit ny iour, ils sont sous l'esclauage du peché qui comme le Tyran Pharao les fait trauailler à des ouurages de terre & de bouë, & ne les rassasie iamais, les rendant comme des Tantales alterez parmy les eaux, & disetteux parmy les richesses. Il y a tousiours quelque chose à redire en l'accomplissement de leurs desirs. Tel estoit le fol amour d'Edgar languissant aupres d'vn object qui le haïssoit, & qu'il ne possedoit qu'à demy, & par contrainte, & en quittant vn legitime, la Reyne sa femme sage & tres-vertueuse Princesse qui l'affectionnoit d'vn sainct Amour : de sorte qu'il pouuoit dire auec ce Poëte qu'il estoit comme le chasseur lequel court apres la proye qui le fuit, & mesprise le gibier qu'il a pris.

*—— Meus est amor huic similis, nam
Transuolat in medio posita & fugientia captat.*

A la fin las, & non rassasié d'vne jouyssance si peu agreable, il n'auoit pas le courage de rompre ses liens, ny de sacrifier à Dieu vne hostie de loüange, si le temps de sa visitation] ne luy eust esté signifié par vne telle rencontre.

Non seulement tout son Royaume, mais encore les estrangers qui sçauoient son desordre & son infamie en estoient scandalisez mais saisis d'estonnemét qu'il fust tombé des Cieux comme vn autre Lucifer, & descheu de ceste haute approbation & reputation de iustice, & de probité qu'il auoit acquise au commencement de son regne. Car outre que les Roys sont exposez en spectacle au monde, aux Anges, & aux hommes] plus grands encore en exemple qu'en authorité, il faut auoüer que comme des corps les plus delicats se font les putrefactions plus extrémes, aussi les cheutes des personnes exemplaires, sont beaucoup plus signalées que de celles qui n'ont eu que des vertus communes, ioint que

Omne animi vitium, tantò conspectius in se
Crimen habet, quantò major qui peccat habetur.

Les Courtisans, gens nez à la seruitude, & à la flatterie n'oseront luy representer le deplorable estat de sa conscience & de sa reputation, il falloit que le salutaire medicament de la Correction luy fust presenté par vne personne desinteressée, qui fust sans crainte & sans pretension & qui n'eust l'esprit ny seruile, ny mercenaire.

S. Dunstan Archeuesque de Cantorbie, & Primat d'Angleterre, Prelat qui remplissoit lors toute l'Isle de la grand Bretaigne de l'odeur de sa Iustice & de sa sainěteté, fut le seul qui eut le courage de mettre en pratique ce mot du Prophete; crie sans cesse, rehausse ta voix comme celle d'vne trompette, & annonce au pecheur son peché, à l'inique son iniquité,] & encore ie te donneray vn front de diamant, afin que tu resistes à la force du puissant,] & pour parler du tesmoignage de Dieu en la presence des Roys sans redouter la confusion] car c'est à de tels hommes que Dieu dit comme au Prophete; Ie t'ay estably sur les Nations & sur les Royaumes, afin que tu destruises, arraches, démolisses, & puis que tu bastisses & plantes.]

Ce S. Prelat estant vn iour allé trouuer le Roy pour des affaires qui regardoient le seruice de Dieu & de l'Eglise (car sans cela il n'estoit pas homme à frequenter la Cour, pays contagieux aux Prelats qui n'y ont que faire, & ou leur presence est autant scandaleuse qu'elle seroit d'edification en leurs Dioceses, ou leur ombre seule comme celle de sainct Pierre, seroit capable de faire des miracles,) comme il abordoit Edgar pour luy representer ce qui l'amenoit deuant luy. Ce Prince qui auoit vne haute estime de la probité de ce seruiteur de Dieu, le voulant accueillir auec bien-veillance, & luy tesmoigner de l'amitié & de l'honneur, en luy prenant la main, S. Dunstan la retirant luy deffendit de le toucher, ne voulant pas, luy dit-il, se polluer par le touchement d'vne main sacrilege qui auoit arraché du pied de l'Autel l'Espouse de IESVS-CHRIST, & qui la tenoit pour Concubine à la face de toute la terre.

Ces mots, auec la façõ graue & majestueuse de la personne qui les profera comme de la part de Dieu, & cõme sa parole, furẽt autant d'éclairs & d'éclats de foudre pour Edgar, qui, cõme vn autre Saul conuerty en Paul, en fut cõme porté à la renuerse. Sa chair en fut percée de la crainte de Dieu, & il eut apprehension de ses iugemẽs,] qui luy estoient annoncez comme à Baltazar par Daniel, par son Legat, Ambassadeur & Interprete de ses volõtés. Mais le bon-heur fut qu'elles luy firent comme la foudre, qui tombant sur le serpent luy laisse la vie en luy ostant seulement le venin, car s'il fut contristé, ce fut pour peu de temps & de ceste saincte tristesse qui opere la penitence à salut.]

Tant s'en faut qu'il s'en indignast contre le sainct homme, qu'au contraire il l'eut en plus grande veneration, & reçeut ceste reprehension si aspre, mais si salutaire, non comme parole humaine, mais ainsi que veritablement elle estoit comme parole de Dieu.] Le sainct Esprit parlant par l'organe de ce sien seruiteur.

Il s'humilia comme Dauid à la voix de

Nathan le Prophete : & l'Empereur Theodose à celle de S. Ambroise, & sans alleguer comme cestuy-cy, l'exemple de la cheute de Dauid, il se sousmit pour reparation de son peché, & de son scandale, à la satisfaction qu'il plairoit au sainct Euesque luy ordonner de la part de Dieu. Il se prosterna à ses pieds, le visage couuert de confusion, & les yeux pleins de larmes, & demandant d'estre admis à la penitence, ce qui ne peut estre refusé à personne, Dieu ayant permis d'y receuoir le pecheur à chaque moment qu'il reconnoistra son iniquité, & de la luy remettre, lors qu'il confessera son iniustice contre luy-mesme.

S. Dunstan iugeant bien que le doigt de Dieu estoit en ceste conuersion si soudaine, & que c'estoit celuy qui est tousiours luy-mesme, & immuable qui l'auoit ainsi changé] leuant l'excommunication, dans laquelle il estoit par son adultere son sacrilege, & scandale public, le remit en la Communion des fideles, & luy ordonna de s'abstenir par humilité de porter son diadême, c'est à dire la marque de sa Royauté durant quelque temps, & de bastir vn Monastere de filles, & le fonder afin que celles qui y seroient receuës, priassent iour & nuict pour l'expiation de sa faute. A quoy il se sousmit de tres-bon cœur, edifiant autant les murailles de Ierufalem, la faincte Eglife, par fon humilité, fon repentir, fes larmes, & fon obeïffance, qu'il l'auoit expofee à l'opprobre des nations par fon fol amour, & fon violement facrilegue.

Cette fille retirée des mains de ce puiffant & domeftique ennemy, vola au Cloiftre comme le fer à l'aiman, tout obftacle luy eftant ofté, afin d'y viure fans frayeur, & fans crainte, en faincteté & en Iuftice tous les iours de fa vie.] Creature dont le nom meriteroit de viure dans l'Hiftoire, pour auoir au trauers de toutes les careffes, & promeffes Royales conferué vne inuiolable chafteté d'efprit dans vn corps expofé à vne barbare violence.

Cecy nous apprend 1. que le demon qui a le plus fort afcendant fur l'efprit & le corps des Princes eft celuy de la volupté, principalement de la chair, car eftans raffaffiez d'honneurs & de biens, ils font moins tentez d'ambition & d'auarice : quoy qu'ils n'en foient encore tout à fait exempts.

2. Que c'eft vne grande vergogne à ceux qui font nés pour regir les autres, de fe laiffer gouuerner & gourmander à vne fi vile maiftreffe que la volupté, qui eft vne Dalila traiftreffe qui ne confpire que la ruïne de leurs corps & de leurs ames.

Historiques.

3. Que c'est vn monstre horrible qu'vn Prince Incontinent, d'autant que son feu cause des embrasemens deplorables, n'y ayant point de chasteté ny d'honnesteté, qui soit à l'espreuue de l'amour ou de la force d'vne Souueraine Puissance.

4. Que si la saincte parole prononce malheur au monde à cause du scandale, que sera-ce s'il prouient d'vne personne constituée en sublimité, dont l'exemple promet l'impunité aux moindres, & met leurs dissolutions comme à couuert, chacun pensant faire par raison ce qu'il fait à leur imitation.

5. Et s'il vaudroit mieux estre ietté en mer auec vne meule de moulin attachée au col, que de donner scandale, que sera-ce d'vne personne dont le scandale s'accroist par la grandeur de sa qualité

6 Admirez le courage de ceste genereuse fille, dont le consentement estoit bien esloigné de son sentiment, puisque son cœur comme celuy de Germanicus, ne pust estre bruslé des flammes impudiques, parmy les embrasemens de ce Prince, qui estoient de vrais embrasemens.

7. Qu'il n'y a rien de si sacré, qui ne rencontre son sacrilegue, puisque l'aueugle amour & impudique ne fait point de difficulté de s'attacher à ceux, & à celles qui sont consa-

crées aux Autels.

8. La grande generosité de sainct Dunstan qui s'exposa à la haine, & aux autres persecutions de ce Prince, sçachant comme il en auoit pris à S. Iean Baptiste, pour auoir repris Herode de son Incontinence. Il ne se soucioit pas de mourir, pourueu que IESVS-CHRIST regnast: qu'il me tuë, disoit-il, pourueu que la crainte de Dieu entre dedans son cœur, & par elle la vraye sagesse & la grace qui sanctifie.

9. I'estime bien autant ceste constance que la hardiesse de ceux qui s'exposent au Martyre, ou au seruice des pestiferez, ie n'y vois pas moins de peril pour la vie.

10. Mais certes les vertus qui bannissent tous les vices du cœur de ce Prince Penitent, & qui y entrent en foule à la suite de la Charité respanduë en son ame par le sainct Esprit, l'humilité, la crainte, la foy, la soubmission, l'Obeïssance, la Resignation, l'Esperance, la Mortification, la Continence, la Liberalité, & tant d'autres, nous font bien voir que les œuures de Dieu sont parfaites, & ses voyes iudicieuses. (*Iean Baptiste Fulgese: Liure 1. des Exemples.*) 13.

L'Equité Triomphante.

Histoire III.

La conqueste de la Forteresse de Mersalcalia fut faite sur les Mores d'Affrique par le Cardinal Ximenes, au delà du destroit de Gibraltar, durant que Ferdinand Roy d'Aragon & de Castille, estoit allé en Italie, pour retirer Gonsalue, surnommé le grand Capitaine, du gouuernement du Royaume de Naples, qu'il luy auoit nouuellement conquis, sur la ialousie qu'il eut de sa reputation, & le soupçon qu'il conceut qu'il se voulut impatronizer de ceste Couronne.

Or la prise de ceste place, (qui est vn tresbeau port de Mer, ou peut descendre vne armée nauale, & seruir de porte pour entrer à la conqueste de l'Affrique,) estant de telle importance qu'elle auoit porté la terreur dâs Oran, ville du voisinage, qui est fort notable pour le trafic, & abondante en richesses, procedantes tant du commerce de la Mer, que de la fertilité du territoire qui l'enuironne, plusieurs de ses plus accommodez habitans auoient fait leur retraite en la Cité de Tremesen, ville qui donne le nom à vn petit Royaume prochain, comme en estant la capitale.

Et parce que la conseruation de la Forteresse de Mersalcalia ne pouuoit subsister que difficilement, si Oran n'estoit pris, afin que les commoditez de ceste ville & de son territoire pust fournir à l'entretien de la garnison de ceste place de guerre & port de Mer, estant trop difficile & sujet à trop de dangers d'y porter toutes les prouisions d'Espagne, le Cardinal voyant qu'il falloit battre le fer tandis qu'il estoit chaud, & se preualoir de la terreur que la prise de ceste Citadelle auoit portée dans Oran, & iusques à Tremosen, Ferdinand estant de retour d'Italie, il luy persuada la conqueste d'Oran & du païs circonuoisin, comme d'vne place d'armée, qui luy ouuriroit le pas à la domination d'vne partie de l'Affrique.

Principalement Ferdinand à qui l'appetit croissoit à mesure qu'il mangeoit, & qui estoit affriandé des conquestes qu'il auoit faites du Royaume de Gueude sur les Mores, & de celuy de Naples sur les François, & qui se pensoit desia estre en son imagination, dompteur des monstres dont on dit que l'Affrique est abondante. Car qu'est-ce qu'vn Prince Conquerant querât ne se peut promettre de son bô-heur.

— *Quid enim est quod credere de se,*
Non possit cum laudatur dijs æqua potestas.

Ne sçait-on pas,

Qu'vn monde seul ne pouuoit rendre
Contens les desirs d'Alexandre,

Mais souuent la puissance manque au courage, & la volonté ne peut se reduire en effect, faute de deniers, sans lesquels, on ne peut iouer des mains, car ce sont les mots de la guerre, les coffres de Ferdinand s'en trouuerent tellement espuisez au retour de la conqueste de Naples, qu'il n'auoit pas moyé de mettre des hommes sur pied. Les mines des Indes n'arrosoient pas encor en ce temps-là les sterilitez du territoire de l'Espagne, les peuples de ces contrées-là, sur lesquels, il n'est pas aisé de faire des leuées, tant à raison de leur pauureté, qu'à cause de leur courage qui ne se laissent pas tondre comme des brebis beaucoup moins escorcher, & qui sont fort impatiens du ioug, & suiets aux reuoltes quand on les foule de leuées extraordinaires, qui venoient d'estre surchargez fraischemens pour les frais de la conqueste de Naples, & qui ne pouuoient pas quand ils eussent voulu, & ne vouloient pas quand ils eussent pû fournir à tous les desseins ambitieux de leur Prince.

Tout cela fit faire alte à Ferdinand, mit de l'eau sur son feu, & r'alentit son ardeur de conquerir. Mais le Cardinal non moins desireux de la grandeur de son Maistre, que zelé à la propagation de la Foy Chrestienne, & à l'exaltation & extension de l'Eglise, & de plus ialoux de la conseruation de sa conqueste de Mersalcabir, qui ne se pouuoit garder qu'en y adioustant la prise d'Oran, s'offrit à Ferdinand de leuer vne armée à ses despens, & de faire les frais de ceste guerre, pourueu qu'il luy promist de les luy rembourser, ou que ce qu'il conquesteroit demeurast acquis à son Eglise de Tolede, des reuenus de laquelle, procedoient les deniers qu'il vouloit employer en vn dessein si auantageux à la Foy, & à la Religion Chrestienne.

Vous pouuez penser si l'humeur de Ferdinand receut ceste proposition auec ioye, & s'il en fit de grandes congratulations au Cardinal, de qui il cognoissoit la franchise & la fidelité, & aussi le zele qu'il auoit pour la Religion de IESVS-CHRIST, & l'affection pour la gloire de sa Nation, & le seruice de son Prince. Il ne se contenta pas du consentement, voire mesme de la priere de Ferdinand, il voulut auoir l'approbation de son conseil, & des plus grands de ses Estats, afin que la promesse de la restitution fut plus asseurée, articles en furent dressez, parmy lesquels il y en eut vn, par lequel il luy fut accordé, que l'Eglise qui seroit dressée à Oran pour l'vsage des Chrestiens, apres qu'elle auroit esté prise, releueroit de l'Eglise & Archeuesché de Tolede, en qualité d'Abbaye ou de Collegiale; qu'elle seroit du Diocese, & à la collation de plain droit des Archeuesques ses Successeurs & de luy, pour tesmoignage perpetuel que ceste conqueste auroit esté faite des deniers de l'Eglise de Tolede, & par la conduite & les soins de son Archeuesque: ceste marque d'honneur & de recognoissance estoit si iuste, qu'elle n'eust pû en aucune façon estre contestée, veu mesmes que les grands biens que possede l'Eglise Metropolitaine & Primatiale de Tolede, procedent pour la pluspart de semblables conquestes faites sur les Mores, lors qu'ils estoient en Espagne aux despens, & par les trauaux tant des Archeuesques, que des Chanoines & autres Ecclesiastiques du Diocese de Tolede, assistans les Roys de Castille de tout leur auoir & pouuoir en des guerres si iustes & si sainctes contre les ennemis du nom Chrestien.

Sur l'esperance qu'auoit Ferdinand de luy rendre plus aisément les frais de ceste guerre, il permit au Cardinal de faire vne leuée à

C ij

ses despens, & luy laissa toute la conduite de ceste conqueste en qualité de Generalissime, auec vn pouuoir aussi absolu que s'il eust esté Souuerain.

Gonzalue qui s'imaginoit que ce morceau estoit pour sa bouche, & qui comme vn autre Scipion se promettoit de ioindre à son tiltre de Grand Capitaine celuy d'Affriquain, fut bien frustré de son attente, lors qu'à l'impourueu il receut commandement de sa part de se retirer en sa maison, qui luy fut donnée pour prison, sans pouuoir obtenir la grace de voir le visage courroucé de Ferdinand, afin qu'il fit penitence dans ceste solitude, esloigné de la Coūr & priué de tous honneurs, charges, & emplois, des ialousies, ombrages, & soupçons dont il auoit martelé sa teste durant son seiour à Naples, l'obligeant à tant de contraintes & de dissimulations pour se tirer ceste espine du cœur, & par ceste disgrace qui dura iusques à sa mort, luy faire payer les arrerages des honneurs excessifs dont il l'auoit dupé pour le retirer d'Italie, ou son credit, & sa gloire reluisoient auec trop d'esclat.

Ce reuers de fortune arriuant à ce grand homme de guerre au mesme temps que le Cardinal (à qui l'on attribuoit le conseil de sa relegation,) estoit enuoyé à la conqueste d'Oran en qualité de General d'armée, les Rieurs de la Cour dirent que le grand Capitaine alloit faire le Moine (puis qu'il estoit enuoyé dans la solitude) tandis que le Moine alloit faire le mestier du grand Capitaine. Et l'enuie,

Tam ficti prauique tenax quàm nuntia falsi.

presageant (mais à sa honte) vn mauuais succez de l'entreprise du Cardinal, disoit tout haut qu'il n'en sortiroit qu'à sa honte, & que sa gloire se tourneroit en confusion.

Il se mocqua de toutes ces railleries & sornettes, comme vn genereux Lyon, qui passant par vne ruë mesprise l'aboy des chiens qui n'oseroient le ioindre, & ne daignant pas seulement les regarder. Ceste guerre eut l'heureux euenement que l'histoire marque, & il y reüssit auec tant de vigilance, de courage, & de bon-heur, qu'il apprit en vn instant vn mestier qu'il n'auoit iamais fait, & adjousta à ses tiltres de Cordelier, d'Archeuesque, de Primat, de grand Inquisiteur, de Chef du Conseil du Roy, de Gouuerneur d'Espagne, celuy de tres-digne General d'armée, & de *Dompteur de l'Affrique*, qui luy fut donné par l'acclammation de l'armée, apres la prise d'Oran, & la victoire qu'il remporta sur les Mores. Ce fut là le premier tour de la Clef de Mersalcalir, qui ouurit la porte de l'Affrique par la conqueste d'Oran, pied que les Rois d'Espagne ont tousiours soigneusement conserué depuis ce temps-là, non seulement pour empescher que les Mores Affriquains ne viennent derechef inonder les Espagnes, comme ils ont fait autrefois, mais pour ouurir le pas à leurs armes, toutes les fois qu'ils les voudront employer pour estendre leur domination dans l'Affrique.

Et certes si ce Conseil Eternel, dont la vanité des Espagnols fait le fondemẽt de leur pretenduë Monarchie, eut porté les armes de ceste Nation vers l'Affrique, pluſtoſt que de faire tant de remuëmens dans les plus notables parties de l'Europe, l'Italie, l'Allemagne, l'Angleterre, la Fráce, il eſt fort probable qu'elles euſſent fait vn tres-grand progrez en ces contrées-là, principalement depuis que l'Empereur Charles V. eut porté la terreur à Thunes & à Alger, & que le Roy de Portugal eût donné de telles attaintes aux Royaumes de Maroc & de Fez.

Mais pour reuenir auec noſtre triomphant Cardinal de la conqueste d'Oran ; les roses dont ſa teſte fut couronnée par ce bon ſuccez, ne furent pas ſans eſpines, car quand à ſon retour il parla à Ferdinand, de luy reſtituer, ou à ſon Egliſe, les frais qu'il auoit faits en ceſte guerre, ou de luy ceder les places qui auoient esté gaignées, Ferdinand qui n'auoit pas moins de desir d'acquerir, que de mal payer, & qui eust bien voulu auoir la terre, sans fournir les frais de son acquisition, vsant de ses ruses ordinaires pour amuser le Cardinal, & le payer d'honneurs & de complimens, luy faisant des caresses, & le traitant de respects extraordinaires; ce Prelat qui sçauoit faire d'autre eau beniste que de celle de Cour, ne se repaissant point de ces fumées, comme ces peuples Astanes, & qui n'ayans point de bouche, se nourrissent de parfums & d'odeurs, mais voulant des viandes plus solides, faisoit instance opportunément, importunément, au conseil de Ferdinand pour auoir la restitution des deniers de ses benefices employez en ceste guerre, ou que les terres conquises demeurassent aux Archeuesques ses Successeurs, comme elles estoient en sa puissance, car les hommes qu'il y auoit mis pour les gouuerner estoient à sa deuotion.

Le traité qu'il auoit fait auec Ferdinand, & auec tout son conseil, & tous les grands de ses Estats, auant que s'embarquer en ceste entreprise estoit si authentique, & luy-mesme plaidant à main garnie, estoit si bien nanty, qu'il ne pouuoit perdre sa cause sans vne violence manifeste ou sans vne extréme su-
C iiij

percherie. Mais comme il n'y a point de droit si clair, qui ne puisse estre obscurcy, & traversé de chicaneries, on ne sçauroit exprimer de combien d'artifices & de desguisemens le conseil de Ferdinand se servit pour luy faire remettre les places au pouuoir du Roy, & empescher la restitution de ses deniers.

On le vouloit payer en belles promesses, en gratifications, en tiltres, en assignations: on luy reprochoit les graces receuës de la Reyne Isabelle, de qui il auoit esté Confesseur, & qui l'auoit contre le gré de Ferdinand son mary, nommé à l'Archeuesché de Tolede, les faueurs de Ferdinand, on vsa de menaces, on le tasta & tenta de tous costez, mais il demeura comme vn rocher inuiolable au milieu de ces vagues & de ces tempestes, ou vne moindre barque que celle de sa constance eust fait naufrage. Il fallut enfin que l'enuie cedast à la Vertu, la fraude à la bonne foy, & les iniustices à l'equité. Le Conseil de Ferdinand ayant iugé qu'il luy estoit, & plus honorable & plus vtile de retenir les places conquises & de rendre au Cardinal les deniers qu'il auoit auancez, que de luy ceder les lieux de ceste conqueste, veu mesme qu'il y alloit de la conscience du Prince de retenir le bien de l'Eglise qui auoit esté employé à

Historiques. 41

luy conquerir ce territoire. Estant raisonnable de rendre à Dieu ce qui est à Dieu, comme à Cesar ce qui est à Cesar. Ainsi la Iustice & la valeur firent doublement triompher Ximenes, & du dehors & du dedans, & des ennemis du nom Chrestien & du sien, & des barbares, & de ses enuieux.

Voicy comme l'Historien François, qui a escrit la vie de ce grand Personnage, represente les diuers conseils tenus à la Cour de Ferdinand touchant ceste restitution, sur quoy par apres nous formerons nos reflexions.

[Aux premiers desseins de la guerre d'A-" frique le Cardinal fournissoit au Roy Fer-" dinand l'argent pour les frais de ceste guer-" re, à condition qu'il en seroit remboursé, ou" qu'au cas qu'Oran fust prise, le Roy la cede-" roit aux Archeuesques de Tolede, s'il n'ay-" moit mieux payer l'argent fourny. Le voya-" ge d'Afrique estant fait genereusement, &" les Espagnols estans Maistres d'Oran, le" Cardinal redemáda les sommes qu'il auoit" aduancées : Cela donna suiet à ses ennemis" d'attaquer de nouueau & sa reputation & sa" probité. Les grands d'Espagne qui auoient" voulu semer le trouble dans l'Estat apres la" mort d'Isabelle, & oster à Ferdinand l'ad-" ministration de la Castille, virent leurs des-"

,,feins auortez par les Conseils du Cardinal,
,,& eux-mesmes reduicts dans leurs maisons,
,,auec aussi peu d'authorité que les moindres
,,Bourgeois de Madrid : ils voyent mainte-
,,nant vne occa... n pour se venger du Cardi-
,,nal, le mettre hors de la Cour, & oster apres
,,plus facilement l'administration à Ferdi-
,,nand, ils la prennent comme elle se presen-
,,te, remonstrent à Ferdinand que l'auarice
,,du Cardinal estoit insatiable de redeman-
,,der les aduances qu'il auoit faites en cette
,,guerre, apres les grands gains qu'il auoit eu
,,dans Oran, par les plus riches parties du bu-
,,tin, qu'à cét effect il auoit fait reseruer; que
,,les grands guerriers qui auoient respandu
,,leur sang dans les combats, ne reuenoient
,,point de la guerre auec plus de felicité, que
,,d'estre chargez de gloire, & de butin, enco-
,,re les plus genereux se contentoient de la
,,gloire, & mesprisoient le butin qu'ils lais-
,,soient aux soldats; que le Cardinal qui n'a-
,,uoit rendu autre combat que de dire son
,,Breuiaire dans la Chapelle de S. Michel à la
,,forteresse de Mersalcabir, tandis que les au-
,,tres receuoiét des playes & respandoiét leur
,,sãg, ne se cõtentoit point d'auoir eu la gloi-
,,re de cette guerre & le butin d'Oran, qu'en-
,,cores il vouloit espuiser les coffres du Roy
,,sous le pretexte de quelque prest; soustien-

ment que Ferdinand n'estoit point obligé au payement que le Cardinal demandoit. Le Roy qui ne desiroit point espuiser son thresor, quel Prince l'a iamais desiré? Creut les discours des Grands; les Monarques croyēt facilement ce qu'ils desirent. Les Officiers du Roy disoiēt presque les mesmes raisons: Le Cardinal qui ne s'estonna iamais des trauerses ny des troubles de la Cour, se defend genereusement, allegue les seruices qu'il auoit rendus en cette guerre, qu'outre l'argent fourny pour leuer l'armée, il l'auoit cōduite sur les lieux, y auoit establi l'ordre, empesché les pilleries que les Capitaines font aux montres, dont souuent est arriuée la perte de plusieurs armées (quand le soldat n'est pas payé, il perit par la necessité, ou se desbande) que sans luy Pierre de Nauarre auroit laissé la Caualerie inutile dans les vaisseaux, que le mesme n'auroit point entrepris le combat s'il ne le luy eust conseillé, voire commandé: quant au butin d'Oran, qu'il n'en auoit pris autre chose que quelques volumes en langue Arabique pour la Bibliotheque d'Arcala, ou il les auoit fait mettre qu'encores cette legere portion de butin n'estoit point pour luy seul, mais pour toute l'Espagne, pour qui il auoit fondé le College & la Bibliotheque,

,,qu'il supplioit le Roy de luy faire rendre les
,,frais de ceste guerre, ou selon sa promesse,
,,ceder la ville d'Oran à l'Eglise de Tolede.
,,Quelques Conseillers d'Estat trouuoient
,,cette derniere condition fort iuste, & fort
,,vtile au Roy: car elle deschargeoit son Es-
,,pargne de grandes sommes de deniers, à
,,quoy se montoit l'entretenement de la gar-
,,nison d'Oran: les autres auoient des senti-
,,mens plus genereux: ils disoiët que la crain-
,,te de la despence ne deuoit point rauir à la
,,Couronne d'Espagne vne place si impor-
,,tante, que le Cardinal offrant d'entretenir
,,& de conseruer Oran aux despens de son
,,reuenu, y procedoit en Roy, & le Roy la
,,refusant, pour espargner, abaissoit la gloire
,,de sa condition Royale, & agissoit en per-
,,sonne priuée; que l'honneur estant le vray
,,patrimoine des Roys, l'argent & la despen-
,,ce deuoient seruir à le conseruer & à l'ac-
,,croistre: d'auantage qu'en Espagne par les
,,Loix de l'Estat aucun particulier ne pou-
,,uoit tenir des places fortes sur les limites du
,,Royaume; qu'on auoit jadis osté Agrede
,,aux Comtes de Montacuto, parce qu'elle
,,estoit sur les confins d'Aragon, & aux Ar-
,,cheuesques de Tolede la ville de Baza sur
,,le bord de la Mer vis à vis de l'Afrique, que
,,l'Histoire d'Espagne apprenoit en pareilles

Historiques. 45

affaires, que la Foy des Prestres n'auoit pas "
esté meilleure que celle des hommes d'au- "
tre condition: Oppo Archeuesque de To- "
lede auoit aidé le Comte Iulian Gouuer- "
neur de Grenade à introduire les Mores en "
Espagne, lesquels par l'espace de plusieurs "
siecles y auoient espandu le sang humain, "
soüillé les Autels, renuersé les Temples, & "
introduict en diuers endroits les abomina- "
tions de Mahomet. Le Cardinal oyoit ces "
diuers aduis auec patience: il les voyoit ten- "
dre tous à sa ruyne; mais il auoit deuant ses "
yeux l'exemple de Gonsalue le grand Ca- "
pitaine, qui apres auoir conquis à l'Espagne "
le Royaume de Naples, auoit eu pour re- "
compense l'exil dans sa patrie, où il estoit "
sans charge, sans employ, sans aucune reco- "
gnoissance, roulant son chapelet dans ses "
mains à Vailladolid, ou quelquefois à la "
Cour, où il n'estoit plus considerable. Car "
les hommes pour si grande que soit leur ver- "
tu, sont souuent entre les mains de la For- "
tune, ou en celles des Roys, ce que sont les "
jettons entre les mains d'vn Banquier, où "
celuy-là mesme qui aura faict le nombre de "
mille, n'est apres conté que pour vn. "

La raison & la Iustice l'emporterent pour- "
tant: elles estoient du costé du Cardinal: le "
Roy luy fit payer les sommes qu'il auoit ad- "

,,uancées. Sa vertu qui auoit auparauant def-
,,fendu son authorité contre l'enuie & la mé-
,,disance, la conserua encore, & triompha
,,de toutes les deux: dont le Cardinal remer-
,,cia le Roy, qui reuint de la premiere opi-
,,nion, que les Grands d'Espagne ses ennemis
,,luy auoient fait conçeuoir.]

Recueillons de tout ce qui a esté raconté.
1. Que les biens de l'Eglise apres le soulagement des pauures dont ils sont le particulier patrimoine, ne peuuét estre mieux employez qu'à la propagation de la Foy & de la Religion Chrestienne parmy les Infideles, tant par les armes corporelles que par les spirituelles, c'est à dire à l'entretien des soldats ou des Predicateurs.

2. Ce que l'Eglise nous enseigne en tant de diuers Instituts & Ordres Militaires & de Cheualerie qui sont establis pour soustenir par les armes, ce que tant d'Ordres & d'Instituts Conuentuels establissent par la predication, qui est le glaiue de l'esprit plus penetrant qu'vn couteau trenchant des deux costez, & arriuant iusques à la diuision du cœur & de l'ame, des moëlles & des os.]

3. Admirez la grandeur de l'esprit de ce Cardinal, lequel quoy que de basse & obscure naissance, ainsi que nous apprend l'Histoire de sa vie, auoit neantmoins l'ame Royale,

& des desseins d'Empereur, ne meditant rien moins que de subiuguer toute la terre à Iesvs-Christ s'il eust eu autant de pouuoir que de courage.

4. Qu'en ceste affaire ce qu'il traita auec son Roy par tant de precautions estoit parce qu'il estoit question de l'interest du Roy des Roys, & du patrimoine du Crucifix, qui est plus considerable que celuy des Roys de la terre, qui ne sont eux mesmes que terre & de terre, non plus que les autres hommes, & qui retourneront en terre.

5. Qu'il faut que nous immolions tous nos interests à celuy de Dieu, pour le seruir, soit par ignominie, soit par bonne renommée]ne nous soucians de rien, pourueu que Iesvs-Christ soit annoncé] en mesprisant le iugement des hommes,] & plus encore de leur plaire, car ceux, dit Dauid, qui leur veulent complaire sont confondus,] & sainct Paul declare que s'il eust voulu plaire aux hommes, il ne se fust pas tenu pour seruiteur de Iesvs-Christ.]

6. Que comme le Soleil n'est iamais sans ombres, & sans nuages qu'il attire par ses rayons: La grande vertu n'est iamais sans enuie, son grand éclat esblouyssant les yeux chassieux de ceux qui ne la peuuent regarder que de trauers.

7. Que comme il ne faut pas faire de bonnes œuures pour estre veu & prisé des hommes, il ne faut pas aussi s'en abstenir, de peur d'en estre estimé, beaucoup moins crainte d'en estre blasmé & repris, car c'est Dieu qui nous doit iuger vn iour, & non les hommes, & nostre gloire doit estre au tesmoignage de nostre conscience.

8. Les trauerses qu'eut le Cardinal, & au commencement, & au milieu, & à la fin de ceste entreprise, font voir que comme Iesvs-Christ a esté vn signe auquel il a esté contredit, aussi & sa doctrine, & les actions qui regardent son seruice, sont toutes sujettes à contradiction.

9. Il ne se faut pas estonner si les grands d'Espagne jaloux de sa gloire, tournoient ses desseins, ou en mesdisances, ou en railleries, c'est le propre du Potier d'enuier vn autre Potier. Qui n'estoit que les freres de Ioseph picquez contre luy de ceste furieuse passion qui renuerse le iugement, ne luy pouuoient dire vne seule parole qui fust paisible.

10. Cependant on peut dire de cét excellent homme ce que ce Poëte dit d'vn autre,

Hic tandem inuidiæ fines virtute reliquit,
Exemplo monstrante viam. ——

Se roidissant contre le torrent de l'enuie & de la calomnie.

Tu ne cede malus, sed contra audentior ito.

11. Ce que cét Ancien disoit que la verité & l'equité peuuent souuent estre offusquées iamais esteintes, se verifie en cét exemple, puis qu'enfin elle est si forte qu'elle preuaut, les faussetez & les injustices, & se fait adorer, comme les anciens Martyrs, par ses propres persecuteurs.

12. Les vices ne terrassent que les lasches, & à ceux qui se laissent aller à leur violence, mais ils cedent à ceux qui leur resistent, semblables aux crocodilles, qui fuyent deuant ceux qui les poursuiuent, & ne deuorent que ceux qui les redoutent. (*Monsieur Baudier en l'Histoire du Cardinal Ximenes chapitre 8.*)

Le Tire-laiſſe.

Histoire IV.

TAndis que i'ay le pinceau ſur la toile, ie repreſenteray icy vne autre trauerſe qui ſuruint au Cardinal Ximenes apres la conqueſte d'Oran, laquelle quoy que ſuſcitée par vn foible aduerſaire, ne laiſſa pas de luy eſtre fort ſenſible. Les mouches en Eſté deſeſperent le Lyon, s'attachant à ſes yeux qu'il a touſiours ouuerts, meſme en dormant, & le tourmentent plus par leur multitude que par leur force.

Nous auons fait voir ailleurs que les freres mouches, ſpecialemét ceux du meſme Inſtitut qu'auoit embraſſé Ximenes luy auoient donné mille peines, & ſuſcité contre luy pluſieurs orages, & bouraſques au cómencemét de ſa promotion à l'Archeueſché de Tolede. Ne vous imaginez pas qu'ils le laiſſaſſent en paix, quand il fut deuenu plus puiſſant.

Cum virtute ſuâ iunctum eſt diadema cuculle,
Atque huic regnanti paruit Heſperia.

Comme chante ſon Epitaphe, ils le perſecuterent iufques à la mort, si encor apres sa mort ils ne troublerent point, ou ses cendres ou sa memoire.

Nous auons dit en l'Histoire precedente, qu'entre les articles de l'accord qu'il auoit fait auec Ferdinand auant l'entreprise d'Oran, il y en auoit vn par lequel on auoit conuenu que cette ville estant prise, l'Eglise Chrestienne qui y seroit establie seroit dependante de l'Archeuesché & Diocese de Tolede, & que l'Archeuesque de plain droit y pouruoiroit de Pasteur. Ceste ville estant conquise en la maniere qui est deduite en l'Histoire d'Espagne, il fut trauersé en sa collation en la maniere que l'a descrit l'Escriuain François de la vie de ce grand Cardinal, des termes duquel ie me seruiray, comme d'vn Autheur dont le stil ne peut estre suspect aux parties. Voicy donc comme il fait ce narré, sur lequel par apres ie prendray la liberté de fournir à mon ordinaire quelques considerations.

De cette prise d'Oran nasquit encores " vne autre espine dans l'esprit du Cardinal, " parmy les conditions que le Roy luy auoit " accordées auant qu'il commençast cette " Guerre, celle-cy y estoit entr'autres : Que " l'Eglise d'Oran dependroit de celle de To- " lede en qualité d'Abbaye, qui seroit à la no- "

D ij

,,mination des Archeuesques de Tolede, &
,, non des Roys d'Espagne. Neantmoins vn
,, Cordelier appellé Louys Guillaume en ob-
,, tint les Bulles du Pape en tiltre d'Euesché,
,, & se fist appeller Euesque: comme il en vou-
,, lust prendre la possession, le Cardinal l'en
,, empescha: cét homme qui estoit sorty du
,, Cloistre pour paroistre dans le monde par
,, la Mitre & le reuenu d'Euesque, en forma
,, vn procez au Conseil du Roy, cria dans la
,, Cour, se plaignit du Cardinal, & tesmoigna
,, de la violence comme d'vn Euesché per-
,, du pour luy; qu'il disoit à tout le monde,
,, Ximenes luy rauir injustement par la force
,, de sa grande authorité. Le Cardinal pour
,, faire taire ce Moine audacieux, sans front,
,, & qui ne craignoit rien à dire, creut que ce
,, seroit prudence de luy proposer vn honne-
,, ste accommodement. Il luy fit entendre le
,, droict que l'Eglise de Tolede s'estoit acquis
,, sur celle d'Oran, lequel il estoit obligé de
,, maintenir, & consacrer à la dignité d'Ar-
,, cheuesque le souuenir de cette victoire
,, d'Afrique: que ce n'estoit nullement le de-
,, sir d'en tirer le reuenu, ny de le joindre à la
,, Croix de l'Archeuesché, & deslors le luy
,, offrit tout entier auec tiltre d'Abbé d'Oran,
,, & siege dans le Chœur de la grande Eglise
,, de Tolede comme Chanoine, auec digni-

té, & mesme de reuenu, outre celuy d'Oran; le Cordelier qui vouloit estre Euesque, refusa ce party, & creut que le Roy Ferdinand soustiendroit sa cause, & luy feroit auoir Arrest à son aduantage, ainsi que les ennemis du Cardinal qui parloient pour luy, le luy faisoient esperer. Mais ce Prince venant à mourir, le Cardinal gouuerna seul l'Espagne, mesprisa cét homme, qui ne fut autre chose que Moine côme il auoit esté, & peut-estre mauuais Moine.

Remarquons 1. qu'il n'est point icy bas de de roses sans espines, & que les plus solemnels triomphes ont leurs Rabat-joyes, qu'il n'est point de si beau iour qui ne soit talonné d'vne nuit.

2. Que ce frere, soit qu'il fust suscité ou soustenu par les ennemis ou enuieux du Cardinal, soit qu'il voulust prendre cét honneur & s'y pousser de luy-mesme, eust fait bien du bruit à la Cour, si sa corde n'eust rompu par la mort de Ferdinand, la roüe du Chariot la plus mal graissée estant celle qui roule auec plus de difficulté, & dont le tour se fait le plus entendre.

3. Que ceux qui murmurent quand ils ne sont pas rassasiez, font d'estranges tumultes quand ils sont frustrez de leurs plus hautes attentes.

4. Qu'ordinairement ceux qui embraſſent trop, eſtreignent mal, & qui va à tout, n'attint à rien.

5. Que ce Frere ambitieux fut iuſtement puny d'vn Tire-laiſſe, qui le fit retirer auec ſa courte honte, parmy les obſcuritez, entre les morts du ſiecle, rongeant dans ſon Cloiſtre le frein de ſon mal-talent.

6. Qu'apres la mort de Ferdinand la puiſſance abſoluë de toute l'Eſpagne eſtant tombée entre les mains de Ximenes, par l'abſence & la commiſſion de Charles, qui depuis fut Empereur cinquieſme de ce nom, ce murmurateur fit bien de ſe taire, & de mettre ſon attente dans le ſilence & l'eſpoir, car le Cardinal luy euſt bridé les machoires auec vn frein & vn camore, ou vn mords à pas d'aſne, ſi rude, qu'il euſt appris à ſes deſpens comme il falloit parler d'vn tel homme qu'eſtoit Ximenes, ſelon ce que dit ce Poëte,

Diſcite iuſtitiam moniti & non temnere diuos.

7. Cependant n'admirez-vous point comme ceux qui par leurs exemptions & priuileges ne ſe ſont pas ſeulement ſouſtraits de la Iuriſdiction des Eueſques, mais pour leur maintien, ſe declarent en tant de façons leurs aduerſaires pour ne dire leurs ennemis, ſoiét neantmoins ſi friands de l'Epiſcopat, qu'ils y bandent à voiles & à rames, & remüent tou-

tes sortes de pierres pour y arriuer. Ne diriez-vous point que ce sont des Rameurs qui tournent le dos au lieu où ils tendent de toutes les forces de leurs bras.

8. Mettre le Pastorat Diocesain entre les mains de ceux qui fuyent le Parroissial, & qui ont fait particuliere professiō de ne prendre aucune charge des ames, n'est-ce pas faire Capitaine celuy qui non seulement ne fut iamais soldat, mais qui a fait vn mestier contraire. N'est-ce pas abandonner la Hierarchie Pastorale à ceux qui n'ont iamais esté dans sa Iurisdiction. Et voir vn Conuentuel Euesque n'est-ce pas le mesme que qui verroit vn Euesque du Clergé qui ne fut iamais Cloistrier, estre Prouincial ou General de quelque Institut de Conuentuels. *Domine si sic viuitur.* (*Monsieur Baudier en la vie du Cardinal Ximenes chap.* 8.)

La Moderation, & la Iustice.

Histoire V.

Regnoit en Gothie vn Prince fort aimé de ses sujets, & qui les gouuernoit auec tant de douceur & de benignité, que s'il pechoit en quelque extremité c'estoit en la clemence : bien que l'ancien Poëte die que,

Sola dijs æquat clementia reges.

Il estoit si grand amateur de la Iustice qu'il prenoit plaisir à la rendre luy-mesme à ceux qui desiroient que la decision de leurs differens sortist de l'oracle de sa propre bouche, cela s'appelloit regner en personne, & non par Procureur, & se couronner des espines de la souueraineté aussi bien que des roses.

Il est vray qu'il n'estoit pas grand Guerrier, mais aussi comme vn Salomon il estoit tellement Prince de paix, que iamais ses vassaux, gens de fer & d'acier, & comme demybarbares, ne jouïrent d'vn calme si profond que durant sa conduite. Ceste paix estoit l'œuure de sa Iustice ; car ces deux choses ont vne si estroite liaison que Dauid la represente sous le symbole du baiser, quand il dit, que la misericorde & la verité se rencontrent, & que la Iustice & la paix s'entr'embrassent.]

Mais comme le monde qui roule sans cesse, & qui est en de continuelles vicissitudes, n'a rien de plus constant que son inconstance, l'homme, dit Iob, ne demeurant iamais en vn mesme estat,] ces iours Alcyoniens furent trauersez & troublez d'vne horrible tempeste, selon ce que dit Dauid ; vos amis, Seigneur, sont trop affligez, mais vous affermissez leur principauté par les tribulations,] d'autant que ceux qui se rangent sous la discipline de Dieu, doiuent preparer leurs cœurs à la tentation.]

Vne armée fort nombreuse de l'Empereur de Constantinople, conduite par le fameux Bellissaire, ce foudre de guerre, ce fleau des Nations, vint fondre comme vn gros orage sur la Suede & la Goëtie, sans autre raison que du droit de bien-seance & de conqueste, les Empereurs Romains s'imaginans que tout l'Vniuers deuoit recognoistre leur domination & se rendre leur tributaire.

Vitige (ainsi s'appelloit ce Roy des Goths) fit tout ce qu'il pust pour destourner ceste tempeste de dessus sa teste, il enuoya au deuant des Ambassadeurs, selon qu'il est dit en l'Euangile, pour demander la paix, auec des conditions si iustes & si raisonnables, que si l'ambition qui est naturellement aueugle, n'eust point encore esté sourde. Belissaire qui auoit charge de conquerir, & qui voyoit sa proye toute asseurée, ne voulut entendre à aucune capitulation.

Sed veluti rapidus montano flumine torrens,
Sternit agros, sternit sata læta, boumque labores,
Præcipitesque trahit siluas, ——

Ce peu de gens de guerre que pust ramasser Vitige, pour opposer à ce torrent enflé, ne fut qu'vne paille à la face du vent, & comme vne debile poussiere. Il s'y porta neantmoins auec assez de courage pour ne vouloir pas suruiure à la perte de sa dignité, que l'on ne laisse honorablemét qu'auec la vie. Toutefois Dieu ne permit pas que son ardeur le precipitast à la mort, mais le reseruant à vne autre fortune le fit tomber viuant entre les mains de Bellissaire, qui le mena en triomphe à Constantinople, où il fut confiné dans vne prison, de peur que remis en liberté, & r'enuoyé en son païs, il n'y suscitast de nouuelles reuoltes, l'affection des peuples enuers luy n'estant que trop cognuë.

Il auoit vn Neueu appellé Vrrage, lequel ayant esquiué par la fuite d'estre mis comme son frere au rang des captifs, comme Bellissaire fut retourné, apres auoir laissé des Gou-

Historiques. 59

uerneurs en Gothie, & s'estre asseuré des places fortes, qui pouuoiét tenir le païs en bride, il reuint dans le Royaume, & deuãt que la domination de l'Empereur d'Orient y eust ietté de plus profondes racines, il luy fut aisé de souleuer les peuples, impatiens naturellement de tout ioug estranger, & ceste reuolte fust telle que les garnisons Imperiales ayans esté taillées en pieces dans la plusspart des villes, & chassées des Forteresses, dans peu de temps les victoires de Bellissaire se trouuerent aussi foibles à conseruer qu'elles auoient esté promptes à conquerir.

Vrrage ne s'estoit rendu Chef des reuoltez, qu'en qualité de Lieutenant general de son oncle Vitige, mais comme il auoit l'humeur plus martiale, & estoit beaucoup plus entendu aux affaires de la guerre, ces peuples nés à cét exercice, voyans leur Roy prisonnier, sans espoir de deliurance, qui auoit esté tentée par toutes sortes de moyens, & tousiours refusée, se resolurent de proclamer Vrrage Roy, afin qu'il fust comme ceux des autres Nations à la teste de leurs armées, & combattit auec eux & pour eux, pour la deffence de la patrie contre les vsurpations des armes Imperiales, du retour desquelles ils estoient menaçez, & en suite d'vn chastiment exemplaire de leur rebellion, qui mettroit tout à feu & à sang, & n'espargneroit ny âge, ny sexe.

La Moderation d'Vrrage fut telle qu'il ne voulut iamais consentir à son election, ny charger sa teste de la Couronne de son frere, soit qu'il recognust par experience le poids fascheux d'vn diadême, soit qu'il fust porté à cela par le respect de la Royauté, par l'horreur du crime, & du tiltre d'vsurpateur, ou par l'amour de parenté, ou possible par la crainte d'attirer sur son chef vn plus grand courroux de l'Empereur de Constantinople, qui le poursuiuroit à outrance iusques au dernier point, s'il se portoit pour Roy des Goths.

Vne si notable modestie qui eût rauy d'admiration des Nations plus polies, & d'esprit plus delié, fut prise par ces barbares par lascheté, & de manquement de courage, adjoustans à cela sa fuite deuant Bellissaire, pour faire pancher la balance du costé du descry, & du mespris de sa personne.

Comme il persista dans le refus du tiltre de Roy, s'offrant neantmoins en qualité de general & Chef des armées à tous les trauaux & hazards de la guerre, il fut rejetté par la pluralité des voix, lesquelles allerent à l'election d'vn autre Roy, & ayans ietté les yeux sur celuy qu'ils estimerent le plus capable au fait des armes, ils proclamerent en plain champ de bataille pour leur Roy vn nommé Iduald, homme resolu & entreprenant, & qui auoit signalé sa valeur & son iugement en beaucoup d'occasions, & qui estoit de grande experience en l'art militaire.

Vrrage ne se souciant pas tant de se voir postposé à cét homme, qui n'estoit ny de son sang, ny de son rang (car Vitige n'ayant point d'enfans il se trouuoit le plus proche heritier de la Couronne) comme de voir le tort que l'on faisoit à son oncle, de mettre vn autre sur son trosne auant qu'il fust mort : tesmoigna qu'il s'opposoit pour Vitige à ceste election, & qu'il ne souffriroit iamais qu'elle eust lieu, tant que l'ame luy battroit dans le corps.

Mais comme il ne faisoit pas seur pour luy dans l'armée, Iduald nouuellement esleu, le menaçant de se saisir de sa personne, & de le ietter dans vne prison, il se retira dans quelques places fortes où il estoit le Maistre, & r'allia si bien ceux qui demeurerent constans en la fidelité qu'ils deuoient & auoient iurée à Vitige, qu'il tint les affaires en balance & contrepointa la nouuelle Royauté d'Iduald.

Cependant les armes de l'Empereur de Constantinople s'estans portées ailleurs pour la deffensiue, on ne parla point de les r'enuoyer en Gothie, faire les rauages, dont les Goths auoient esté menacez. Ce qui donna moyen à Vrrage de negocier la liberté de son oncle Vitige, tant par vne grande rançon, que par promesse de faire tous les ans quelque honneste recognoissance à l'Empereur de Constantinople, & de demeurer en son alliance.

Le retour de Vitige changea la face des affaires en Gothie, & rendit la nouuelle election d'Iduald bien plus foible, mais comme il est plus aisé de monter au trosne que d'en descendre, d'autant qu'on s'y esleue ordinairement par quelques degrez, mais on n'en descend iamais que par le precipice; Iduald ne se pouuant resoudre de mettre à ses pieds vne Couronne qu'il auoit inconsiderément posée sur sa teste, il fallut decider ce different par les armes.

Ce fut donc par vne bataille qu'il se termina, en laquelle Vrrage commandant en qualité de Lieutenant General de Vitige, il rendit tant de preuues de sa valeur & de sa sage conduite, que la victoire se tournant du côté du bon party, il mit l'armée d'Iduald en route, lequel se voyant ruiné par ceste perte, ne voulant point suruiure à son mal-heur se precipita dans le plus fort du combat, où il fut trouué au nombre des morts.

Vitige recognoiſſant qu'il deuoit & ſa liberté, & la conſeruation de ſon Sceptre, non ſeulement au courage, mais encore à la valeur de ſon Neueu, eſtimant ceſte obligation au deſſus de toute recognoiſſance, ſe voulut oſter la Couronne de deſſus la teſte pour la mettre ſur celle d'Vrrage, qui par vne ſeconde moderation plus illuſtre que la premiere ne voulut iamais y entendre, declarant qu'il n'auoit fait que ſon deuoir de fidele ſujet, en conſeruant le Sceptre de ſon Oncle, de ſon Roy, & de ſon Maiſtre.

Depuis Vitige ſe deſchargea ſur luy du ſoin principal des affaires, tant de paix que de guerre, & de la conduite du gouuernemét auec vne confidence conforme à la fidelité d'vn tel Neueu, & ſon mariage ne luy ayant point produit d'enfans, quand il fut en âge de s'en eſperer plus, il le fit declarer ſon heritier, luy faiſant jurer la fidelité par les plus grands du Royaume.

Il regna aprés ſon Oncle auec autant de bon-heur & d'equité, qu'il auoit teſmoigné de Moderation & de Iuſtice deuant ſon regne, laiſſant à la poſterité vn exemple d'autant plus memorable de Temperance & de Foy, qu'il ſemble qu'en matiere de paruenir à la Royauté, les Loix du ſiecle diſpenſent de la Loyauté, mais non pas celles du Dieu qui est le Roy des Roys,] par qui les Roys regnent,] qui est terrible sur eux,] qui a leur cœur en sa main,] & leur oste l'esprit quand il luy plaist.]

1. Comme le feu sacré du temps des Machabées se conserua dans la boüe, souuent dans les Nations barbares se rencontrent des actions de vertu, non seulement des communs & vulgaires, mais des heroïques.

2. Les exemples sont frequens dans l'histoire de fils desnaturez, qui pour regner ont porté auec tant d'impatience la vie de leurs Peres, qu'ils ont bien osé attenter dessus, selon ce que disoit ce Poëte,

Filius ante diem patrios inquirit in annos.
Combien donc est loüable la moderation de ce Neueu.

3. Vitige nous monstre que les trosnes sont sujets aux vicissitudes, aussi bien que les autres conditions, & que Dieu fait & deffait les Roys, les hausse, les baisse, & les releue, & les reuere comme il luy plaist.

4. Escoutez Roys, dit vn grand Roy selon le cœur de Dieu, entendez, & soyez instruits vous qui iugez la terre, seruez à Dieu auec crainte & tremblement, ne vous escartez pas du sentier de sa discipline, de peur qu'il ne se courrouce contre vous; si vous vous detraquez de la voye de Iustice, lors que sa colere

sera

Historiques. 65

sera embrasée, bien-heureux ceux qui espereront en luy.]

5. Dieu estant le Dieu des batailles aussi bien que de la Paix, se sert des armes pour se vanger de ses ennemis par ses ennemis,] deposant les puissans de leurs sieges pour exalter les humbles.

6. Ce grand exemple de Moderation en vn morceau si friand que celuy de la Royauté, fait vne honteuse leçon à ceux qui pour amasser de beaucoup de moindres richesses commettent tant de fraudes, de rapines, & d'injustices. (*Fulgose; Liure quatriesme de ses Exemples.*)

La fidelité defnaturée.

HISTOIRE VI.

CEux qui preferent l'honneur à la vie trouueront moins estrange *la defnaturée fidelité* d'vn Pere qui va monter sur le theatre, pour seruir de spectacle au monde, aux Anges & aux hommes, & faire cognoistre iusques où va la fermeté d'vn homme de parole.

SANCHE IV. Roy de Castille, eut vn frere appellé Iean, qui ne pouuant tirer de luy vn appanage conforme à son desir, desir qui n'estoit pas iugé raisonnable par les Estats & les Grands du Royaume, il ne cessa de le broüiller & trauerser par des monopoles & rebellions continuelles.

Enfin le Roy Sanche estant demeuré le Maistre & l'ayant chassé de son Royaume à main armée, ce Prince desesperé se retira au Royaume de Grenade qui estoit lors occupé par les Mores, ennemis du nom Chrestien, auec lesquels Sanche auoit vne guerre continuelle.

Iean s'estant remis en leur puissance, le Roy Marc s'en voulut seruir comme d'vn tison fatal pour mettre le feu dans la Castille, par le moyen des intelligences qu'il y auoit, car il y a tousiours des mal-contens dans vn Estat, qui ne demandent qu'à joüer des mains, & à broüiller les cartes pour pescher en eau trouble, ne tenans aucun party injuste pourueu qu'il leur soit vtile.

Il en est des Grands comme de ces sourcilleuses pointes de rochers, lesquelles venāt à se destacher roulent deuant elles plusieurs pierres par leur cheute, & en traisnent apres elles d'innumerables,] comme Iean estant dans la Castille, auoit vn grand nombre de Noblesse à sa suite & de sa faction, il en eut aussi plusieurs de compagnons de sa fuite, soit qu'ils voulussent courir sa fortune, à laquelle ils s'estoient attachez de seruice & d'affection, soit qu'ils craignissent de tomber entre les mains de Sanche qui les eust sacrifiez à sa vengeance, en les faisant perir par exemple.

Entr'autres il eut vn ieune Caualier de la maison des Gusmans, lequel ayant esté nourry son page, crût estre obligé de suiure son Maistre par tout, & d'espouser tous ses interests, & toutes ses passions.

Le Pere de ce ieune Gentil-homme appellé Alfonse Pierre Gusman estoit fort bien venu aupres du Roy Sanche, qui luy auoit confié la Forteresse de Tariffe qui faisoit vne des Clefs de son Estat, se reposant sur sa fidelité de la garde d'vne place si importante. Il n'auoit pas fait vn mauuais choix, quand il luy donna ce Gouuernement, ainsi qu'il fit paroistre par l'euenement effroyable qui va suiure.

Le Roy de Grenade, instruit par Iean de tous les ressorts qu'il pouuoit remuër & faire iouër dans la Castille (chose horrible que la haine & l'ambition, passions aueugles & furieuses qui font renoncer aux plus grands de tous les interests, qui sont ceux de l'esprit & du sang de la Religion & de la Nature) & sçachant que pour entrer en seureté dans cét Estat il se falloit premierement saisir de la Clef de la principale porte, qui estoit la Forteresse de Tariffe, resolution fut prise de l'assieger, Iean se promettant de la tirer des mains d'Alfonse, par le moyen de Gusman son fils qu'il auoit esleué page, & qu'il tenoit à sa suite.

Sur ceste pensée ils mettent le siege deuant ceste place, laquelle tant pour l'auantage de son assiette, que pour les bastions & autres fortifications, estoit tenuë comme imprenable, sinon par la famine, mine, à laquelle ne peuuent resister les places les plus inexpugnables. Alfonse ayant vne contremine assez bien fournie, tant de munitions de bouche que de guerre, & vn courage au dessus de la peur, accompagné de soldats faits à la souffrance, à la sobrieté & à la fatigue, se mocqua des tranchées & des circonuallatiõs de Iean, & de toutes ses machines, assauts, escarmouches, & batteries: Ces efforts estans inutiles, on luy offrit le mulet chargé d'or, auquel Philippe de Macedoine disoit nulle forteresse estre impenetrable, non plus que la Tour de Danaë à la pluye d'or, mais ce metail ne fit aucune bréche sur son courage, quoy que die ce Poëte,

Aurum per medios ire satellites,
Et perrumpere amat saxa, potentius
Ictu fulmineo. ⸺

On en vient aux prieres, mais il fermoit ses oreilles, comme l'aspic à ceux qui le vouloiét caioler & enchanter finement. On fit iouer le ressort du sang comme le Maistre & le Principal de tout l'artifice, ainsi que les Romains firent autrefois à Coriolan, ne sçachans plus de quel bois faire fléche. On luy enuoye son fils, mais il ne voulut point laisser entrer dans sa place, ny l'entendre, luy faisant faire commandement de se retirer promptement, sinon qu'il le feroit tirer, le faisant appeller traistre, & en suite charger de tous les plus iniurieux outrages, dont se puisse auiser l'insolence du soldat.

Iean indigné de cét affront le fit sommer de rendre la place, s'il ne vouloit deuant ses propres yeux voir trancher la teste à son fils. Ce pere genereux & fidele à son Prince, se mocqua de ceste menace, disant, que ce luy seroit trop de gloire de perdre luy-mesme la vie pour maintenir la parole de fidelité qu'il auoit iurée à son Roy, & quant à son fils qu'il seroit fort aise de luy voir souffrir le supplice qu'il meritoit à raison de sa reuolte & de son infidelité, & qu'en le condamnant à cela, Iean prononceroit sentence de condamnation contre soy-mesme, son iugement procedant de sa propre bouche.]

Iean indigné de ceste rodomontade qu'il prenoit pour vne brauade, & ne pouuant se persuader qu'vn Pere pust estre si desnaturé de preferer la reddition d'vne place à la vie de son propre fils, le fait menacer pour la seconde fois de faire trancher la teste à son fils deuant ses murailles, & à ses yeux, s'il s'opiniastroit à la deffendre, & ne venoit à vne amiable composition. Alfonse pour monstrer qu'il preferoit son honneur & sa fidelité à son sang, & à sa propre vie, tira vn coutelas qu'il auoit à son costé, & le donnant au Heraut qui luy eſtoit venu faire ceſte ſommation, luy dit, allez, & dites à Iean, auſſi mauuais Chreſtien, que mauuais frere, & deſloyal ſuiet, que ſi ie pouuois auec ſeureté aller faire moy-meſme ceſte execution, ie la ferois auſſi franchement que ie vous donne mon propre ſabre afin qu'il ſerue à oſter la vie à vn enfant ſi indigne d'eſtre ſorty de moy, & qui fait autant de honte à ma race, que i'eſpere luy laiſſer de gloire, par le teſmoignage de mon inuiolable fidelité.

Iean outré de ces algarades, ne manqua pas de faire dreſſer vn eſchaffaut à la veuë de la Fortereſſe, mais hors de la portée des coups, eſtimant que l'extremité de ce ſpectacle fléchiroit ce Pere conſtant & ferme, lequel vit de ſes propres yeux ceſte ſanglante execution, à laquelle la Nature contre ſon immuable volonté, ne laiſſa pas de contribuër quelques larmes.

Mens immota manet, lachrymæ voluuntur inanes.

L'Hiſtoire de France nous fournit vn exemple de fidelité approchant de ceſtuy-cy en vne femme, qui vit trancher la teſte à ſon mary deuant les murailles de Leucate, dont il eſtoit Gouuerneur, pluſtoſt que de rendre la place aux Eſpagnols, deſquels, en eſtant Gouuerneur, il auoit eſté pris en vne ſortie qu'il auoit faite sur eux deuant le siege. Euenement d'autant plus excellent qu'il est arriué en vn sexe plus infirme, & qui tesmoigne que la France produit des femmes aussi genereuses, constantes, & fideles, que les hommes d'Espagne.

Imaginez-vous 1. ce que doit produire la Grace dans vn cœur qu'elle possede, & qu'elle remplit d'vne force surnaturelle, si la fidelité morale & acquise, & qui se picque du point d'honneur, a vn si fort ascendant sur les plus tendres sentimens de la Nature.

2. Dauid dit, que ceux qui esperent en Dieu changeront de force, & prendront des aisles d'Aigle, auec lesquelles ils feront vn essor qui ne s'abattra point,] & le Sauueur en l'Euangile, dit, que qui aime son pere, sa mere, sa femme & ses enfans plus que luy, n'est pas digne de luy,] & qu'il faut renoncer à tout cela pour meriter la qualité de son Disciple,] tesmoin le vaisseau d'élite, qui pour suiure IESVS-CHRIST n'acquiesça plus à la chair & au sang

3. L'Histoire Romaine nous fournit des exemples de quelques peres qui ont fait mourir leurs enfans pour le vehement amour qu'ils portoient à leur païs.

4. Et l'Escriture mesme nous proposé ce-

luy du Roy du Moab, qui sacrifia son propre fils sur les murailles de la Ville ou Israël le tenoit bloqué.

5. Mais il faut auoüer que cefte fidelité d'Alfonse eft au deffus du reffort de la Nature, & que Dieu peut-eftre luy endurcit le cœur, pour punir le fils de fa defloyauté & perfidie, & pour r'amener Iean à fon deuoir, par vn fi clair miroir de la conftante fidelité d'vn fuiet enuers fon Prince. (*Ioan. Bapt. Ful. lib. 6.*)

Le Prince redouté.

Histoire VII.

IL y a des Princes qui fe font aimer, il y en a d'autres qui fe font craindre, ceux-là par la clemence & les biens-faits, ceux-cy par la Iuftice & les fupplices. Mais quand ils donnent iufques à la cruauté, ils fe font haïr comme des monftres & des ennemis du genre humain, & leur memoire eft en deteftation, & en execration à la pofterité.

Cét Empereur Romain eftoit de cefte derniere efpece, lequel ayant efté fupplié auec requeste expresse par vn pauure criminel qu'il haïssoit beaucoup, & qu'il retenoit dans vne cruelle prison, qu'il luy pleust par quel supplice qu'il luy plairoit mettre fin à sa vie, & à ses miseres, depuis quand, reprit ce Tygre, pense cét insensé, estre r'entré en grace auec moy. Il tenoit à grande grace de faire mourir celuy à qui il vouloit du mal.

Parmy les plus redoutez Princes de son temps l'Histoire nous marque Vitolde, Duc de Lituanie apres son frere Ladislas, celuy qui eut tant de guerres auec le grand Seigneur, & qui le défit en bataille rangée. Mais il y eut cette notable difference entre les regnes de ces deux freres, que celuy-cy se faisoit obeïr par amour, & cét autre par crainte, mais crainte seruile & d'esclaue.

Ladislas genereux & gentil estant le premier aux occasions les plus perilleuses des combats, y faisoit donner par son exemple les plus poltrons, & ceux-là s'estimoient heureux qui mouroient à ses pieds, & pour son seruice, l'ayans pour spectateur de leur fidelité. Il estoit soigneux de recompenser ceux qui faisoient bien, liberal iusques à donner ses propres habits, & disoit-on communément de luy qu'il auoit les mains percées comme vn crible, & qu'elles ne pouuoient rien retenir.

Vitolde au contraire graue & maiestueux en son maintien, auec des yeux hagards & terribles, ne regnoit qu'auec vn Sceptre de fer, cassant tous ceux qui ne luy plaisoient pas, comme des pots de terre.

Il tenoit à gloire de se faire craindre, ayant ordinairement en bouche ce mot de cét ancien Empereur si descrié pour ses barbares cruautez, & le tenoit comme vne sentence donnée, & comme vn oracle, qu'ils me haïssent pourueu qu'ils me craignent. Il prenoit plaisir à faire trembler les plus asseurez, & à faire de frayeur tarir les paroles en la bouche de ceux qui auoient à luy faire des Harangues.

Iusques-là qu'il fit grace à quelqu'vn qui fut si saisi d'estonnement, qu'il ne pust acheuer de la luy demander. Et vn certain Deputé estant demeuré court au milieu de sa Harangue, sçachant que cét estonnement qu'il contrefaisoit luy seroit plus agreable que son discours, il entherine sa demande. Et depuis s'estant inconsiderément declaré de sa feinte comme d'vn stratageme d'Orateur, pour éuiter le blasme d'estre demeuré muet deuant le Prince, il reuocqua la grace qu'il auoit faite, & fit couper la langue à ce Harangueur, afin que desormais il se teust sans aucune feinte.

Sa Iustice estoit si seuere, qu'outre qu'il ne la détrempoit d'aucune misericorde, les peines qu'il ordonnoit estoient tousiours excessiues, & participoient tousiours, comme les ruisseaux de leur source, de la cruauté qui residoit dans son cœur. Il ne proportionnoit point la punition à l'offense, selon ce que disoit cét ancien Poëte,

—— *adsit*
Regula peccatis, quæ pœnas irroget æquas,
Nec scutica dignum, horribili proscinde flagello.

Il se picquoit de se faire obeïr ponctuellement, principalement dans les commandemens militaires, où il vouloit que l'obeïssance fust tout à fait aueugle, precipitant souuent des plus vaillans à vne mort certaine, tirant de leur perte la vanité d'estre bien obey. Si quelquefois l'horreur du peril euident en esbranloit quelques-vns, il leur faisoit finir la vie dans des supplices si cruels, que mourir par les mains des ennemis, leur eust esté vne grace.

Il inuentoit tous les iours quelque nouueau supplice pour punir les criminels, il faisoit coudre des personnes viuantes en des peaux d'ours ou de cerf, & puis laschoit dessus des meutes de chiens affamez, qui, deuant ses yeux, mettoient en pieces ces miserables.

Historiques. 77

Il en faisoit enfouyr d'autres en terre iusques à la gorge, afin que leurs testes seruissent de but à ceux à qui il faisoit iouër à la boule. Et pratiquoit en quelques-vns la cruauté du Tyran Mezence, qui faisoit attacher des corps viuans à des morts, iusques à ce qu'ils mourussent de faim & de puanteur. Aux femmes adulteres il faisoit souffrir le supplice des Vestales Romaines, qui estoient tombées en faute.

En ses expeditions militaires il auoit tousiours l'arc à la main prest à le desçocher contre celuy qui passoit tant soit peu son rang, ce qu'il faisoit auec vne promptitude & dexterité merueilleuse. Il enuoyoit aux prisonniers tantost vn licol afin qu'ils s'estranglassent eux mesmes, tantost vn couteau, ou vn poignard afin qu'ils se le fichassent dans le cœur. Plusieurs de ceux qu'il faisoit ietter en prison preuenoient les supplices cruels qu'il ordonnoit par des morts plus douces.

Mais comme il arriue ordinairement que Dieu punit les cruels par leurs propres inuentions les hommes de sang & de carnage n'arriuans pas à la moitié de la course de leur vie,] dit Dauid, Dieu permettant que les sanguinaires meurent sanglantement, & comme a dit ce Poëte,

Ad generum Cereris, sine cæde & sanguine, pauci

Descendunt reges & siccâ morte tyranni.

Aiant vn iour enuoyé à quelque criminel son propre poignard afin qu'il se le plongeast dans le sein, auec ordre qu'on le luy rapportast trempé dans son sang pour repaistre ses yeux de ce rouge spectacle. Le criminel ayāt dit qu'il eust esté bien aise de luy donner le plaisir de luy voir faire son coup de bonne grace. Le Duc voulant prendre ce cruel passe-temps, comme cét homme adroit faisoit semblant de le vouloir enfoncer dans son propre flanc, il le lança si adroitement dans l'estomach de Vitolde, qu'il l'enfonça iusques à la garde, d'où ce Tyran le tirant de ses propres mains vouloit aller luy-mesme égorger celuy qui auoit fait ce beau coup, s'il ne fust mort en chemin, tombant tout roide aux pieds de celuy du sang duquel il se vouloit repaistre.

Apprenons 1. que quand la cruauté se rencontre dans vne souueraine puissance, c'est vn des plus grands fleaux de la fureur de Dieu.

2. Que celuy qui prend plaisir à se faire craindre, craint luy-mesme le premier, selon ce dire d'vn Ancien;

Necesse est multos timeat, quem multi timent.

3. Que la cruauté est ordinairement mesurée à la mesure à laquelle elle a mesuré les au-

tres, & que les puissans qui abusent de leur puissance sont à la fin puissamment tourmentez.

4. Que la voix du sang fait vn grand cry deuant le Dieu des vengeances, qui ne la laisse pas impunie: tesmoin cét adultere homicide qui prioit Dieu qu'il le deliurast de la voix du sang.]

5. Que la cruauté rend les hommes pires que les Loups, & les autres plus farouches animaux, qui pardonnent à leur propre espece.

6. Enfin que qui frappe de glaiue en perira. (*Sabellic. lib. 6.*)

Le Railleur desherité.

Histoire VIII.

MAl-heur à celuy qui mesprise, car il sera mesprisé,] mal-heur au mocqueur car il sera mocqué, à la mesme mesure que l'on mesure les autres on sera mesuré. Nous allons voir la verité de ce Prouerbe ancien pour vn bon mot perdre vn heritage. Il y en a qui contiendroient pluftoft vn charbon ardant dans leur sein, que d'empescher vn mot plaisant ou picquant de sortir de leur bouche. Cependant qui dit ce qu'il ne doit, ressent ordinairement ce qu'il ne voudroit. On ne se repent iamais de s'estre teu, souuent d'auoir parlé.

En ce canton de la Prouince de Picardie que l'on appelle le païs de Vimen, non loin d'Abbeuille, demeuroit en sa maison des champs (selon l'vsage de l'ancienne Noblesse de France dont le sejour ordinaire durant la paix est à la campagne, car durant la guerre sa demeure est dans les armées,) vn vieil Gentil-homme, que son courage durant ses ieunes ans auoit porté en toutes les occasiõs militaires

militaires où l'on pouuoit moiſſonner de l'honneur.

Couſu de glorieuſes playes receuës au ſeruice du Prince & de la Patrie, & ne faiſant vn ſeul pas ſans ſe ſouuenir de ſa valeur (comme diſoit ce Lacedemonien bleſſé en vne iambe d'vn coup qui l'auoit rendu vn peu boitteux) il acheuoit le reſte de ſes iours auancez dans le repos de ſa maiſon, gouſtant le fruict des trauaux de ſa ieuneſſe tant vtiles qu'honorables.

Eſtant veuf d'vn mariage ſterile dans lequel il n'auoit eu que des enfans qui eſtoient morts fort ieunes, & leur mere eſtant allée aprés eux au tombeau, en vn âge ſi auancé, qu'elle laiſſoit ſon mary en eſtat de ne pouuoir plus tenter vn ſecond naufrage, il ne manqua pas d'eſtre fort courtiſé d'vne bonne troupe de neueux qui eſtoient ſes heritiers preſomptifs, & qui par toutes ſortes de reſpects & de deuoirs faiſoient à l'enuy à qui s'auanceroit dauantage dans ſes bonnes graces. S'ils eſtoient de ces oyſeaux qui attendent la charogne ou non, i'en laiſſe decider au Philoſophe Seneque au liure de ſes bienfaits.

Tant y a que celuy qui entra dauantage dans ſa faueur, ce fut vn des enfans d'vne ſienne ſœur, lequel il projectoit de faire ſon principal heritier, en luy faisant porter son nom & ses armes, quoy qu'il eust des enfans d'vn de ses freres, qui auoient autant & plus de droit d'y pretendre & n'auoient pas moins d'appetit.

Pour tesmoigner la prerogatiue que ce fils de sa sœur auoit en son affection par dessus ses autres neueux, il le receut en sa maison comme s'il eust esté son enfant, l'en voulant mettre comme en possession durant sa vie, & luy donner vne plus particuliere cognoissance de ses affaires. Les autres cousins voyoient cela du mesme œil dont les freres de Ioseph consideroient les carresses que leur pere faisoit à ce cadet, neantmoins ils n'osoient faire elclater leur mescontentement de peur d'irriter ce bon homme, & le porter à les priuer de la part que legitimement ils pourroient pretendre à son heritage.

Ce presomptif heritier estoit vn ieune homme bien fait, de gentil esprit, duquel il n'estoit pas moins addroit que de son corps, d'humeur gaillarde, & mesme à raillerie, estāt le propre des ioyeux qui ont l'entendement subtil d'estre addonnez aux ioyeusetez & aux plaisanteries. Comme il estoit entré dans l'esprit de son oncle par la complaisance, il commit vne si lourde faute contre ceste conduitte, qu'il en sortit par la porte opposée, &

apprit à ses despens, que c'est vne sottise de se mocquer d'vn homme de qui l'on attend du support ou du bien. Car la raillerie n'estant iamais sans quelque sorte de mespris, ce mespris est le vray coupe-gorge de l'amitié, qui ne se mesure qu'à l'estime que l'on fait de la personne aimée.

Se voiant en credit auprés de son oncle, il s'en faisoit trop accroire, & exerçoit desia dans sa maison l'empire de maistre, se faisant redouter des domestiques à qui il commandoit à baguette, & auec plus d'autorité que le bon vieillard, dequoy ils luy faisoient souuent des plaintes qui ne luy plaisoient pas. Sous pretexte de le soulager en ses affaires il s'y mesloit vn peu trop auant, iusques à tirer des auantages de son bien par des soupplesses qui ne plaisoient pas au bon homme quand elles venoient à sa cognoissance, iugeant bien que l'appellant chez luy il auoit mis vn rat dans son grenier, qui n'augmentoit pas le tas de son froment.

Il se mesloit de controller la despense, & quoy que l'heritier, le pere viuant, ne soit gueres different du seruiteur domestique, cestuy-cy sous couleur d'espargner de la peine à son oncle ne luy augmentoit pas son bien ; Et s'il vouloit faire quelque despense ou liberalité il en murmuroit comme s'il luy eust osté ce qu'il ne luy donnoit pas. Ces façons de faire & plusieurs autres desplaisoient au bon personnage, qui eust volontiers dit comme le Createur auant le Deluge, Ie me repens d'auoir fait l'homme.

Cependant il est & plus difficile & plus honteux de mettre vn hoste hors de sa maison, que de luy en refuser l'entrée, il eust esté messeant à ce bon vieillard de donner vn cheual de renuoy à son neueu pour le renuoier en la maison de sa sœur mere de ce ieune homme, mais il luy en ouurit le chemin par son impertinente raillerie.

Le bon vieillard qui auoit autrefois monté sur des grands cheuaux & des plus fringans, ne pouuoit plus à raison de son âge, & de ses blesseures, aller que sur des montures fort douces, ayant fait rencontre d'vne mule d'vn pas qui luy estoit fort aisé, il s'en accommoda & comme elle luy rendoit vn seruice fort agreable il auoit grand soin de la faire bien traitter & panser, & n'auoit pas à gré qu'autre que luy la montast. Le neueu n'estoit pas de ceste humeur, mais en vouloit à cet animal bastard, à ce tiercelet de genet d'Arcadie, & auoit tousiours quelque mot à larder ceste pauure beste. Il se faschoit de voir son oncle sur ceste monture, comme si cela eust derogé à Noblesse, luy estant aduis qu'elle n'estoit propre qu'aux Medecins ou aux Meusniers, ou à ceux qui font profession de porter des sommes. Il se mocquoit du grand soin qu'en auoit son oncle, & comme s'il eust esté ialoux de l'amour qu'il luy portoit, il sembloit qu'il diminuast celuy qu'il pensoit luy estre deub.

Il auoit tousiours quelque traict de gausserie à dire contre cét animal, & en suite contre celuy qui le montoit comme si c'eust esté vn Muletier, cela faschoit le bon homme; qui ayant esté colerique & haut à la main en son âge plus vigoureux, n'estoit pas accoustumé à estre bercé de telles carresses.

A la fin soit par vieillesse, soit faute de bon appareil, ou autrement la pauure mulle alla de vie à trespas, ce qui affligea fort le bon homme, non tant pour le prix de ceste beste, qui estoit assez considerable, que pour la difficulté d'en recouurer vne semblable qui ne fust pas vicieuse, & qui eust le pas aussi doux. Ceste mort resiouit le neueu comme s'il eust vaincu vn riual, & ne pouuant dissimuler sa ioye, il se railloit de la fascherie de son oncle, qui à la mode des vieillards, qui ne cessent de parler de ce qui les afflige, se plaignoit de la perte de sa mule à tout le monde, comme s'il eust esté estropié de ses propres iambes.

Voyant donc que ce bon homme portoit
F iij

auec beaucoup d'impatience la perte de sa chere & fidelle monture, il s'aduisa comme par facetie de se couurir d'vn habit de dueïl, & de contrefaire vn maintien triste & melancholique, comme si sa mere fust morte, ce fut la premiere pensée qui vint en l'esprit de son oncle à la veuë de cét equipage & de sa contenance, ce qui l'affligea beaucoup dautant que sa sœur mere de ce neueu luy estoit fort chere, & se fascha qu'on ne l'eust aduerty de sa maladie pour la visiter & luy rendre ses deuoirs, blasmant ceux qui luy auoient caché cét accident de peur de l'affliger. Mais le neueu pensant plustost le resioüir par son dessein Comique que l'attrister, luy dit que le dueïl dont il le voyoit couuert, & le desplaisir qu'il lisoit sur son visage ne procedoit pas de la mort de sa mere qui se portoit fort bien, mais du trespas de la defuncte mule de son oncle, laquelle luy ayant rendu de si longs & de signalez seruices, il estime estre obligé de rendre vn tel honneur à sa memoire, & de tesmoigner par ses regrets qu'il participoit en l'ennuy que son oncle auoit conceu de sa perte.

Ceste gausserie eut vn effet tout contraire à la pretention de ce neueu, car au lieu de resioüir la melancolie de ce vieillard, elle le picqua d'vn si vif ressentiment que sa bile s'eſtant ſoudainement eſchauffée, il commanda à cét inſolent de vuider promptement de ſa maiſon, & de n'y mettre le pied que quand il l'y rappelleroit, ce que fit le neueu, eſtimant que ce ne fuſt qu'vne boutade qui ſeroit auſſi toſt appaiſée, & vn feu de paille auſſi ſoudainement eſteint qu'allumé.

Mais il fut bien trompé, car tant les domeſtiques que les neueux fraternels du vieillard prenans ceſte occaſion au poil, luy ſceurent ſi bien repreſenter, l'injuſtice qu'il commettoit de preferer ſes heritiers de ſon nom & de ſes armes, à vn neueu de ſœur, & luy faire cognoiſtre l'humeur faſcheuſe de ce Railleur, & le prejudice qu'il apportoit à ſes affaires, que iamais plus il ne le voulut receuoir en ſa maiſon pour y demeurer.

Ce rieur eut beau faire ſes excuſes & employer les belles paroles, & ſes larmes de crocodille pour ſe remettre aux bonnes graces de ſon oncle, & les prieres de ſa mere & de ſes autres amis iamais il ne pût remonter ſur ſa beſte, & il eut tout loiſir de porter le dueil de ſa ſottiſe. Eſtant eſloigné de l'œil il le fut du cœur, & le bon homme reuoqua le Teſtament qu'il auoit fait en ſa faueur le faiſant ſon principal heritier, & ſes autres neueux legataires. Seulement ce qu'il en peut gaigner ſur luy ce fut de luy pardonner comme

Chrestien, & de ne le priuer point de ce peu que par les loix il pouuoit pretendre à son heritage, car il le vouloit desheriter absolument. Il laissa donc tester les loix pour oster tout sujet de murmure & de procez entre ses heritiers, seulement apres les legs pieux de son Testament, il en fit vn à ce mocqueur qui fut vn couuercle digne du pot, en luy leguant tout le harnois de sa defuncte mule, estant raisonnable, disoit-il, qu'il fust heritier de ceste beste de laquelle il auoit honoré les funerailles en se chargeant d'vn habit de dueil apres son trespas, ceste deferre estant pour le recompenser de ses frais, & pour le faire souuenir d'honorer la memoire de ceste chere mule. Ainsi le gausseur fut gaussé, & paya cherement les despens, dommages & interests de ses railleries.

Ce qui nous apprend 1. la verité de ce mot du Roy Prophete, L'homme qui estoit en faueur & en honneur ne la pas sceu recognoistre, mais il a esté fait comme le cheual & le mulet qui n'ont point d'entendement.

2. Celuy du Sage, Qui comme les prudens selon la chair, sont ordinairement surpris en leurs propres finesses] dans les filets qu'ils ont tendus, & les fosses qu'ils ont creusées,] aussi les mocqueurs sont attrapez dans leurs mocqueries. Estant iuste que chacun soit

chastié par où il a peché.

3. Que les hommes de cœur principalement les Caualiers qui font profession d'estre peu endurans, ne doiuent pas estre tastez par où ils sont les plus sensibles, qui est par le poinct d'honneur, car c'est les toucher dans la prunelle de l'œil que les prendre de ce costé-là.

4. Que c'est vne extréme inconsideration & indiscretion de pinser en riant ceux dé qui on a le soin ou de qui l'on espere quelque faueur, bien-fait, ou assistance, ou à qui par leur âge, qualité ou proximité, l'on doit toute sorte d'honneur ou de respect.

5. Qu'il en prend ordinairement aux railleurs, comme à ceux qui manient des feux artificiels, lesquels s'y eschaudent en pensant donner du plaisir aux autres. Qui ne se rira de l'Enchanteur, dit le Sage, quand il sera mordu par le serpent qu'il vouloit charmer. (*Le Collecteur des Histoires Anciennes & Modernes appariées liure* 1. *chap.* 51.)

La Pieté & la Pitié.

Histoire IX.

LA Pieté & la Iustice sont les deux arcs-boutans de la Royauté, l'vne regarde le deuoir du Prince enuers Dieu, Roy des Rois, par qui les Rois regnent; l'autre leur deuoir enuers les hommes, estans establis de Dieu pour leur distribuer la Iustice. Mais si ceste Iustice n'est detrempée de misericorde elle deuient vne souueraine iniustice, c'est pourquoy la Pitié des miserables n'est pas moins necessaire aux Princes que la Pieté.

Vn de nos Rois ayant pris pour sa deuise deux Colomnes auec ceste ame *Pietate & Iustitia*, voulant dire que l'Estat deuoit estre fondé sur ces deux bazes, il me semble que la troisiesme n'eust pas esté moins necessaire la Pitié, la Misericorde, la Clemence, la Benignité, l'Affabilité.

En ceste derniere qualité se rendit recommandable ce grand Alfonse Roy d'Arragon, Prince si doux, si pieux, si iuste, si populaire, si chery de Dieu & des hommes,] & de qui

Historiques. 91

la memoire sera en eternelle benediction ; de qui ie veux icy rapporter vne action memorable dans laquelle plusieurs vertus entrent en partage.

Il auoit ceste pieuse coustume quand il se rencontroit par la ruë lors que l'on portoit le sainct Sacrement aux malades de l'accompagner à pied iusques au logis, & d'y visiter le malade, & de l'assister spirituellement ou corporellement selon qu'il en auoit besoin. En quoy il ne tesmoignoit pas moins sa pieté enuers Iesus Christ au tres-sainct Sacrement que sa pieté enuers ses membres les pauures malades, desquels il a dit, Ce que vous ferez au moindre des miens ie l'estimeray estre fait à moy-mesme.

Il arriua donc vn iour qu'ayant rencontré en son chemin que l'on portoit l'Eucharistie pour Viatique à vne pauure femme malade affligée du flux de sang, sans apprehender ceste maladie qu'on luy disoit estre contagieuse & fort dangereuse, il se mit à la suite du Prestre qui portoit le sainct Sacrement, & apres qu'il l'eut administré à la malade, il s'approche de ceste pauure femme pour ioindre ses consolations à celles du Pere de toute consolation, qui l'auoit daignée visiter de son orient d'enhaut par les entrailles de sa misericorde] & s'estant auisé qu'il auoit parmy ses pierreries vne entr'autres qui auoit ceste proprieté d'arrester le flux de sang, & qu'on l'auoit asseuré estre de singuliere vertu pour cela, il luy promit qu'il l'alloit chercher, & qu'aussi tost qu'il l'auoit trouuée il la luy enuoyeroit, l'exhortant à auoir confiance en Dieu, qui estoit le Pere & l'auteur des remedes, & dont la benediction leur donnoit l'efficace & la vertu.

Aussi tost qu'il fut de retour en son Palais, ayant trouué ceste pierre il la luy enuoye, & soit par la priere de ce sainct Roy, soit par la foy de ceste bonne femme, soit par l'occulte proprieté de ceste pierre, soit, (ce qui est plus probable) par la vertu du sainct Sacrement, le flux de la malade fut aresté, & dans peu de iours elle vint à conualescence.

Estant conseillée, pour tesmoignage de gratitude, d'aller remercier ce bon Roy, dont l'accés estoit facile aux plus petits, (car il n'estoit point acceptateur des personnes) elle le fut trouuer, & soit que veritablement elle eust esgaré ceste pierre, soit qu'on la luy eust desrobée, soit que pensant se faire riche par sa vente, ou conseruer sa vie en la gardant, pour s'en seruir en cas de recheute, apres auoir remercié le Roy de sa visite, & du soin qu'il auoit pris de sa guerison, elle le supplia de luy pardonner si elle ne luy rapportoit la pierre, ne sçachant ce qu'elle estoit deuenuë.

Là dessus les Courtisans qui estoient auprés du Roy se mirent à faire diuers iugemens, les vns disans qu'elle l'auoit retenuë malicieusement pour s'en enrichir, d'autres l'accusoient de negligence à conseruer vn si precieux ioyau, tous la blasmans & l'estimans digne de punition d'abuser de la sorte de la bonté & facilité du Roy.

Mais ce bon Prince qui auoit en haine tout iugement temeraire, trouua vn moyen fort propre pour excuser & les accusateurs & l'accusée, disant à ceste bonne femme qu'elle ne s'estonnast de ce que disoient ces braues hommes qui estoient autour de luy, parce qu'ils faisoient si peu d'estat de leur santé, & estoient si accoustumez à mespriser leur vie, à raison de l'exercice des armes, qu'ils admiroient si l'amour de la conseruation de sa vie ou de sa santé luy auoit fait retenir ceste pierre ; que si elle estoit vrayement perduë qu'elle ne s'en troublast point, dautant que ceste perte estoit peu de chose pour vn Roy, que si elle l'a retrouuoit il luy en faisoit vn present de bon cœur, afin qu'elle s'en seruist en cas de recheute, ou de quelque necessité.

Que de vertus demandent part en ceste

action roiale & vrayement heroïque. 1. La Charité qui estoit allumée en la poictrine de ce Prince, estoit patiente, benigne, sans enuie, sans insolence, elle ne cherchoit pas ses profits, mais ceux du prochain, elle n'estoit point colerique, elle ne pensoit point mal d'autruy, se resioüissoit de la verité, enduroit tout, croyoit tout, souffroit tout.

2. Il ne vouloit pas mesme iuger en mal de ceux qui si ouuertement faisoient vn mauuais iugement de ceste pauure femme: de laquelle il prit la deffense à l'imitation du Saueur prenant celle de la Magdeleine contre les murmures du Pharisien.

3. Il trouua mesme vn moyen de loüer de generosité de ceux qui la blasmoient: benissant ceux qui la maudissoient.

4. Pratiquant ce qu'à dit depuis vn sainct Personnage, que si vne action auoit cent faces il la falloit tousiours prendre par la plus belle, & n'empoigner iamais le tison par où il brusle, selon ce qui est escrit, Ne iugez point & vous ne serez point iugez. Car, qui es-tu toy qui iuges ton frere, ne te condamne-tu pas en cela mesme que tu reprends en luy?] le seruiteur d'autruy, tombe ou se releue pour son maistre.]

5. Remarquez sa pieté à accompagner le sainct Sacrement, deuotion à laquelle les hi-

storiens des derniers siecles attribuënt les grandeurs & les prosperitez de la Royale & Imperiale maison d'Austriche.

6. Sa pitié des pauures, vertu de laquelle il est dit que qui a esgard au necessiteux sera deliuré de mal au dernier iour,] que sa iustice demeurera au siecle des siecles, & que sa corne, c'est à dire sa reputation & sa vertu sera exaltée en gloire:] & encore bien-heureux sont les misericordieux car ils auront misericorde] & ne seront point esmeus ny confondus eternellement.

7. Son humilité, son equanimité, sa simplicité, sa mansuetude, son affabilité, sa liberalité, & sur tout son addresse à se rendre tout à tous pour les gaigner tous à IESVS-CHRIST.

8. Se faut-il estonner si la memoire d'vn Roy remply de tant de vertus est tousiours si fraische dans le souuenir des peuples, estant comme vn arbre planté sur le courant des eaux de la grace, dont les fueilles tousiours verdoyantes ne tombent iamais.] (*Iean Baptiste Fulgose liu. 5. de ses Exemples.*)

Le chastiment de la Taquinerie.

Histoire X.

IL faut aduoüer que les Romains procedoient à l'establissement de leur Republique, & à la conqueste de tout l'Vniuers auec des generositez merueilleuses, ils ressembloient au Lyon qui pardonne aux animaux qui se prosternent deuant luy, & ne terrasse que ceux qui font mine de luy resister.

Quand ils auoient vaincu des Roys & subjugué des Royaumes entiers, pourueu qu'ils voulussent recognoistre l'Empire Romain de quelque hommage ou tribut plus honorable qu'vtile, ils les restablissoient en leurs Trosnes, & demeuroient leurs amis & protecteurs enuers & contre tous, de sorte que les victoires Romaines tournoient souuent à l'auantage des vaincus, quand ils se rendoient franchement, & ne s'opiniastroient point à la reuolte.

Pompée surnommé le Grand, & par son esprit, & par sa conduite, & par tant de hauts faits d'armes qui luy auoient fait decerner

plusieurs

plusieurs triomphes, estant enuoyé en Arménie pour y arborer les Aigles Romaines à la pointe de l'espée, eut en teste Tygramet Roy de ceste contrée-là auec vne puissante armée, mais la fortune Romaine, non seulement inuincible mais tousiours victorieuse, mit en route celle du Roy d'Armenie, lequel se voyant battu, & mesme abbatu sans ressource, enuoya des Ambassadeurs à Pompée pour le supplier de le receuoir à quelque honneste composition, & de ne pousser point à bout les restes de sa deplorable fortune, luy laissant quelque petit territoire où il peust viure auec honneur selon la condition de sa naissance, promettant de prendre la loy du peuple Romain comme de son vainqueur.

Pompée qui estoit vn grand Capitaine & fort iudicieux, & qui n'ignoroit pas que c'est vne impudence à vn chef de guerre de reduire vn ennemi pour foible qu'il fust dans le desespoir, & qui mesme plaignoit le desastre de ce Prince infortuné, non seulement escouta ses supplications, mais luy donna beaucoup plus qu'il n'eust osé ny esperer ny demander, le restablissement en tous ses Estats, en qualité d'homme lige, ne se reseruant pour l'Empire Romain qu'vne fort petite recognoissance. Si veritablement a chanté du peuple Romain son plus excellent Poëte

G

Tu regere imperio populos Romane memento
Hæ tibi erunt artes, pacisque imponere legem,
Parcere subiectis & debellare superbos.

Tygramet ravy d'vne si prodigieuse liberalité, se vint rendre volontairement auec toute sa suite & ses enfans entre les bras de Pompée, qui le receut auec vne franchise & des caresses nompareilles. Tout son camp fut changé en appareil de paix, & n'estoient que tournois, ioustes, & passe-temps, que banquets & magnificences.

Tygramet qui auoit ramassé tous ses tresors & pierreries en quelques forteresses qu'il tenoit encores, mais qui n'eussent pas pû resister à vne armée victorieuse & conquerante, les desploya en ceste occasion, & fit à Pompée & à ses principaux Capitaines des presens dignes d'vn Roy que la Republique Romaine traitoit si fauorablement apres l'auoir vaincu, & mesmes fit des largesses par toute l'armée, qui luy acquirent la bien-veillance des moindres soldats.

Son fils ieune Prince qui deuoit estre son successeur, voyoit auec regret dissiper tant de richesses amassées auec beaucoup de soins par ses predecesseurs, ne iugeant pas que l'on ne pouuoit assez cherement racheter vn Royaume, où estoient les mesmes sources qui les auoient produites & que les Roys ne

peuuent estre pauures qui sont dans la bien-
vueillance de leurs subiets.

Quelque iour apres, Pompée ayant inuité
ce ieune Prince en particulier pour manger
auec luy, pour l'instruire possible des obligations qu'il auoit à la Republique Romaine,
qui restablissoit son pere dans son Trosne,
pour vne petite recognoissance, il refusa la semonce du victorieux non seulement auec arrogance mais par Taquinerie, disant qu'il ne
vouloit pas acheter vn festin aussi cherement
que son pere, & que les Romains vendoient
leurs viandes à trop haut prix.

Pompée indigné de ceste reproche le fit
saisir, & l'emmena prisonnier à Rome, où il
luy fit suiure honteusement & ignominieuse-
ment le chariot de son Triomphe, pour punition tant de son audace, que de son auarice,
& le fit en suite pourrir & perir dedans vne
prison, l'estimant indigne pour son humeur
mesquine & illiberale de monter iamais sur
le Trosne.

Tigramet mesmes son pere l'en blasma, &
soit par raison d'Estat, soit par estat qu'il faisoit de la raison & de la vertu ne s'opposa
point à sa detention ny à son emprisonne-
ment, suppliant seulement qu'on le traittast
auec humanité & que l'on attribuast ceste
inconsideration à son âge, & à son deffaut
d'experience.

Ce qui nous fait voir 1. que ce fils perdit le Diademe par le vice contraire à la vertu qui l'auoit conserué à son pere.

2. Que l'auarice & la Taquinerie sont des imperfections autant desagreables que la liberalité & la magnificence ont d'esclat & sont aimables.

3. Que les Royaumes & les Souueraine-tez sont morceaux qui n'ont point de prix, & pour l'acquisition ou conseruation desquels la prodigalité & profusion ne passoient que pour simple liberalité.

4. Que comme c'est sagesse à vn marchand de ietter les balles de ses marchandises dans la mer pour sauuer le vaisseau & sa vie du naufrage, aussi est-ce à vn Roy de vuider ses tresors pour conseruer sa Couronne.

5. Que l'auarice est comme le singe qui ne monstre point plus sa honte que plus il grimpe en vn lieu eminent.

6. Que comme il y a des enfans qui font largesse & prodiguent en despenses superflües des biens que leurs peres auroient amassez auec beaucoup de peine & d'auarice, il y en a d'autres qui seruent mesquinement des richesses dont leurs peres vsoient auec beaucoup d'eclat & de splendeur. De là le Prouerbe *Filij heroum noxa.* (*Fulgos. lib. 9. Exempl.*)

L'Abstinence Episcopale.

HISTOIRE XI.

Plusieurs m'ont quelquefois dit qu'ils s'estonnoient de voir que les Moines faits Euesques, gardent l'habit de leur Ordre, (comme si le Monacat estoit vn caractere ineffaçable) & neantmoins n'en gardent pas les habitudes, c'est à dire les coustumes claustrales, au moins celles qui n'ont rien d'incompatible auec la condition Episcopale, comme de s'abstenir de viandes, de porter le cilice, de ne coucher que sur la paille, de ne porter point de chemises de toile, d'ieusner huict ou dix mois de l'an & semblables, qui pourroient estre de grande edification à ceux qui les verroient dans ceste estroite obseruance.

Et ce qui les estonne dauantage au regard de l'habit Monacal qu'ils gardent, c'est que si vn Euesque se fait Moine, (ce qui n'est gueres plus frequent que de voir des arondelles en hyuer) aussi tost il quitte tout l'habit Episcopal pour prendre ce l'Ordre où il se range, sans garder aucun vestige de l'habit Episcopal ny en la couleur ny en la forme, comme si l'estat Episcopal estoit moins considerable que le Monacal, ou l'habit Monacal plus honorable que l'Episcopal.

I'ay quelquefois respondu que ceste coustume s'est peut estre introduite de ce que quelques anciens Moynes esleuez à l'Episcopat contre leur gré, & ayant plus d'affection pour la cōdition monacale que pour l'Episcopale, auoient pour tesmoignage de leur premiere inclination & par humilité gardé leur habit Monastic mesme dans la dignité Episcopale.

Mais on me repliquoit que l'humilité qui preiudicie en quelque sorte à la dignité ne doit pas estre toleree, & que si les Euesques qui se font Moines quittent l'habit d'Euesque pour ne mettre point de bigarreure ou varieté dans vn Chœur ou Conuent de Moines, qui doiuent estre par bien-seance vestus tous d'vne liurée : il semble bien plus iuste d'oster ceste difformité d'vne assemblée d'Euesques ou de Cardinaux qui deuroient tous estre d'vne mesme parure, comme ils sont d'vne mesme leûre, & caractere, sans voir parmy les Euesques ou Cardinaux qui ne furent iamais Moines tous vestus de violet ou de rouge, ceux qui ont esté Moines, les vns vestus de gris, les autres de blanc, & de noir, les autres de noir & de tanné, & ainsi diuersifiez selon les couleurs des habits de ces Ordres où ils ont esté profés.

Ce que ie pouuois repartir estoit que depuis quelque temps les Euesques qui ont esté Moines ne portent que la couleur & non la forme ny la matiere de leur habit Monacal, car ils ne portent plus ny capuchons, ny scapulaires, ny frocs, ny cordes, ny ceintures de cuir, ny focquets, ny sandales, ny rappiecemens, ny semblables ajancemens de l'habit Monastic. Iusques-là mesmes que plusieurs (principalement en France, car en Espagne, en Italie, & sur tout à Rome, cela ne seroit pas souffert) portent le rochet auec le camail au lieu du mantelet auec le camail, ainsi qu'il est expressement porté tant dans le Pontifical que dans le ceremonial des Euesques: dequoy ie puis dire auec ce Poëte

Non equidem inuideo miror magis.

Et quand ils prendroient mesme la couleur violette ie me garderois bien d'en appeller comme d'abus.

Mais, à dire le vray, ie n'ay point pû me desmesler nettement de l'enqueste qui m'estoit faite, touchant la relaxation des mortifications, abstinences, & autres austeritez corporelles, & obseruances Monastiques qui ne

G iiij

sont point incompatibles auec l'estat Episcopal, au contraire qui sont de si grande edification, qu'elles sont admirées en quelques Euesques qui n'ont iamais esté Moines quand ils les pratiquent.

De dire que c'est pour s'accommoder à la vie commune, & se rendre tout à tous pour les gaigner tous à IESVS-CHRIST.] c'est se couurir d'vn sac moüillé, car les Moines qui par leurs instituts ne mangent iamais de chair qu'en cas de necessité ou d'infirmité, ne pratiquent pas moins pour cela ce mot de l'Apostre, de se rendre tout à tous, & ie ne conçois pas qu'vn Euesque tiré d'vn Cloistre où il eust vescu de poisson & de legumes toute sa vie, donne plus d'edification en son Episcopat, en quittant ceste nourriture pour tenir grande table de chair & se traitter de viandes exquises, au contraire il donneroit bien plus d'exemple de pieté s'il continuoit dans sa prelature ceste maniere de vie.

Ie ne voy pas que ceux qui ieusnent dans le Cloistre, depuis la feste de la saincte Croix de Septembre iusques à Pasques (ce que font presque tous les Moines) qui sont prés de huict mois de suite, & les autres quatre trois fois la semaine, sans conter les Vigiles & Qatre-temps commandez de l'Eglise, & qui ne font rien de tout cela estans de-

Historiques.

uenus Euesques, doiuent pour cela estre plus estimez.

Ny que celuy qui n'eust porté sur sa chair, estant au Cloistre, qu'vn cilice ou vne tunique de drap, ny couché que sur la paille tout vestu, fasse vne œuure de plus eminente vertu de porter chemises de toile deliée, & de coucher en de blancs draps sur le coton & le duuet estant arriué à la dignité Episcopale, ny que cela coopere à l'edification de l'Eglise.

Puis que tous les Scolastiques sont d'accord que l'estat de perfection exterieure & instrumentelle est plus excellent en l'Episcopat que dans le Monacat, ie ne sçay pas si les instrumens que ie viens de specifier sont plus propres à la conseruation & accroissement de la perfection exterieure que ceux des Cloistres, & ie n'estime point qu'vne abstinence, mortification, & austerité exterieure extraordinaire deroge à l'estat de perfection Episcopale, ny à la dignité, splendeur, & grauité de la dignité de la prelature Diocesaine, Metropolitaine ou Cardinale.

Et ie confirme mon sentiment par ceste Histoire de fort bon alloy, tirée de Palladius Autheur sans reproche.

Lequel parlant comme tesmoin digne de foy, dit qu'vn Moine appellé Nicolas, qui auoit esté Disciple de ce fameux Abbé Sylvain, qui estoit Pere de tant de Moines sur la saincte montagne de Sina, durant son Monacat ne faisoit que des abstinences moderées, & proportionnées aux forces & aux necessitez de son corps. Mais ayant esté ordonné Euesque de Faran, il augmenta de telle sorte les abstinences, veilles, couches dures, prieres, mortifications, disciplines, & autres mortificatiõs corporelles, qu'il sébloit donner dans les extremités & mettant son corps sur les dents, le vouloit rendre inhabile aux trauaux necessaires au seruice de l'Eglise & des ames commises à sa charge. Dequoy estant repris par quelques-vns qui auoient à sa suite quitté le desert pour vacquer sous luy & auec comme Prestres aux fonctions pastorales, & comme ils luy remonstroient qu'estant Moine il ne se monstroit point si affectionné à ces exercices corporels, lesquels, selon l'Apostre, seruoient à peu, la pieté estant vtile à tout.]

Le sainct homme leur respondoit, mes freres, considerez que nous estions dans l'hermitage, dans la douceur de la vie solitaire, dans vn havre de grace, dans vn port asseuré, à l'abry des orages & des tempestes qui sont si frequentes dans le siecle, dans la pauureté effectiue & affectiue, car nous y gagnions noſtre vie de noſtre labeur manuel : hors des obiects de tant de tentations dont le ſiecle eſt remply. Maintenant nous ſommes deſcendus ſur la mer ſur les barques fragiles de nos corps faiſans nos operations en pluſieurs eaux] & ces eaux ſont les multitudes des peuples] ſur ceſte mer ſpacieuſe il y a des perils ſans nombre] des ecueils cachez & d'autres deſcouuerts, nous y deuons vacquer auec beaucoup de circonſpection, ce ne ſont que pirates eſcumeurs, & brigands, dangers par tout] meſmes parmy les chemins, les compagnies, les conuerſations, & les faux freres,] celuy qui tente dreſſe de tous coſtez des embuſches à nos talons] & c'eſt icy qu'a lieu la viſion du grand ſainct Antoine qui vid la ſurface de la terre toute couuerte de lacqs, de filets, & de pieges, ioint que la voye du Ciel eſt eſtroite & peu cheminent en icelle]

Nous deuons donc marcher icy comme en terre d'ennemis, comme eſtrangers & pelerins, & y eſtre comme des lumieres en vn lieu tenebreux & au milieu d'vne nation peruerſe, auſſi couuerts d'yeux que les oyſeaux que vit le Prophete, penſer ſans ceſſe à nos oyes, & tourner touſiours nos pieds, c'eſt à dire, nos affections vers les teſmoignages de Dieu. Auoir attention ſur nous-meſmes premierement & puis sur le troupeau qui nous est donné en garde, car celuy qui n'est pas vigilant sur la maison de son interieur comme sera-t'il sur celle de Dieu] qui est l'Eglise, & celuy qui n'a point de soin de son salut & de son ame, comme en auroit-il pour autruy.

Que si le grand Apostre sainct Paul qui estoit confirmé en grace, en qui Dieu habitoit comme en vn vaisseau d'election, & en vn Temple tout consacré à sa gloire, qui ressentoit Dieu parlant en luy & par luy, qui sçauoit en qui il croyoit, & qui estoit certain de l'assistance diuine, & de la couronne de Iustice à raison de ses bons combats, si cét homme transporté iusques au troisiesme ciel où il auoit veu & ouy tant de merueilles, dit neantmoins, qu'il chastie son corps & le reduit en seruitude, de peur qu'ayant par sa predication monstré le chemin de salut aux autres, luy-mesme ne se trouue au nombre des reprouuez]

Que deuons-nous penser, dire & faire, nous autres chetifs & miserables roseaux du desert agitez des vents, que doiuent faire les lambrusches si les colomnes tremblent, quelle deffiance deuons-nous auoir de nous-mesmes, si ces grands Saincts n'ont pas du tout de confiance en leurs vertus, ny aux richesses spirituelles qui leurs sont si liberalement departies. Si le iuste est à peine sauué, où comparoistront les pecheurs & iniustes.]

Remarquons, 1. que plus vn homme fait de progrés en la perfection plus petit est-il deuant ses propres yeux: plus tu es grand, dit le Sage, plus humilie-toy en toutes tes œuures.] Car Dieu fait grace aux humbles & resiste aux superbes]

2. Que ceux qui sont à l'abry des orages & des tentations dans les deserts, & dans les Cloistres qui sont dans les forests & les solitudes de la campagne n'ont pas tant besoin de mortifications extérieures, que ceux qui par la condition de leur vie & de leurs charges sont obligez de viure dans le siecle où les tentations sont si fortes, les occasions de pecher si frequentes, & les cheutes si communes, & les victoires si rares.

3. Que les cheutes sont d'autant plus lourdes que l'on est monté en lieu eminent, car souuent le diable dit à ceux qui sont esleuez en sublimité, Iette-toy en bas, frequemment par ses artifices :

——— *tolluntur in altum*
Vt lapsu grauiore ruant.

4. Que celuy qui est debout prenne garde à ne tomber pas,] priant Dieu qu'il le

prenne par la main droite & le conduise en sa volonté.]

5. Bien-heureux est l'homme qui est tousjours en crainte] & qui met sa forteresse dans la peur de faillir] qui craint Dieu fera le bien] qui craint le Seigneur est heureux il ne veut que trop cheminer en ses commandemens.

6. Ceux qui viuent en des lieux pestiferez ont plus besoin d'antidote & d'alexypharmaques, que ceux qui ne conuersent que parmy le bon air. Ce n'est pas aux sains qu'il faut enuoyer le Medecin mais aux malades.

7. Les Prelats ont d'autant plus de besoin des mortifications & circonspections exterieures, que leur vie est exposée à plus de perils, & à l'abord de plus de personnes. C'est à eux de dire auec le Psalmiste, Seigneur nous endurons violence respondez pour nous. Percez nostre chair des clouds de vostre crainte chaste, & nous faites apprehender vos iugemens. (*Collector magni speculi Exemplor. Tit. Abstinentia Exempl. 4. ex Palladio.*)

L'Auarice cruelle & perfide.

HISTOIRE XII.

L'Imprecation que fait le Roy Prophete, que ceux qui adorent les simulacres d'or & d'argent, leur soient faits semblables] tombe sur les auaricieux, car comme les voluptueux se font vn Dieu de leur ventre] aussi les auares ont des dieux d'or & d'argent comme Laban & Micas, c'est à dire, idolatres de metaux, qui seroient mieux cachez dans les entrailles de la terre, d'où la conuoitise les a tirez, que dans l'vsage des hommes où ils excitent tant de maux.

Aurum irrepertum & sic melius situm
Cum terra celat, quam tollere
Humanos in vsus,
Omne sacrum rapiente dextrâ.

Les cœurs des Auares deuiennent aussi durs que le metal qu'ils idolatrent, ils sont faits abominables, dit vn Prophete, comme les choses qu'ils ont aimées.] L'amour ayant ce pouuoir de transformer en quelque façon l'amant en la chose aimée, & sur tout de transporter le cœur où est le tresor. Le fer exerce les cruautez, mais c'est souuent la faim de l'or, que le Poëte appelle sacrée, c'est à dire sacrilegue, qui la cause.

Prodijt & ferrum, ferroque nocentius aurum.

Vous l'allez voir en vne Auarice cruelle & perfide, d'autant plus lasche & vergoigneuse qu'elle a esté exercée contre toutes les loix diuines & humaines exercées par vn Roy Chrestien contre vn infidele.

Les Mores qui firent vne innondation d'Afrique en Espagne par la traistre vengeance du Comte Iulian qui les y appella & leur y donna l'entrée, partagerent leurs conquestes en tant de petits Royaumes, que ceux qui les commandoient se pouuoient plustost appeller des Roitelets que des Rois.

Ces petits Souuerains entrerent aussi en plusieurs differens, qui les firent entrebattre & entrepiller les vns les autres, les plus forts battans & subjuguans les plus foibles, le monde estant vne mer où les plus gros poissons deuorent les petits.

Celuy à qui la ville de Grenade estoit escheuë s'en voulant faire accroire & s'imaginant possible que comme la Grenade entre les fruicts est seule qui porte vne Couronne, que les moindres que luy deuoient quelque recognoissance à son Sceptre, après en auoir harcelé

harcelé quelques-vns, tous se liguerent contre luy, & l'ayans enuironné comme vn essain d'abeilles ou de guespes irritées le contraignirent de desguerpir de ses terres, de sortir de sa ville & de sa Souueraineté, pour aller chercher vn asyle parmy les Chrestiens, & la seureté de sa vie qu'il ne pouuoit trouuer parmy ceux de sa creance.

Ayant donc par force troussé bagage, & ramassé tout ce qu'il auoit pû de ses tresors & pierreries comme les restes de sa deplorable fortune, il s'alla ietter entre les bras du Roy de Castille appellé Pierre, comme en vn port de franchise & d'asseurance, à raison des loix de l'hospitalité qui sont inuiolables parmy toutes les nations mesmes les plus barbares.

Pierre sçachant qu'il traisnoit auec soy des richesses immenses qu'il auoit accumulées par les artifices assez ordinaires aux Iuifs & aux Sarrasins, personnes industrieuses à amasser: luy fit vn assez bon accueil & le receut & traitta en Roy auec beaucoup de carresses, d'honneur & de magnificence, mais il ne le paissoit de ceste fumée que pour attraper son rost, lequel ne fut pas plustost entre ses mains, Mehemet (ainsi se nommoit le Roy More) luy ayant mis en depost toutes ses finances & ses ioyaux, qu'il commença à le mespriser, comme s'il eust esté non seulement son vassal mais son valet, ce que le grand courage de ce More ne pouuoit endurer, parlant tousiours haut & en Roy quoy qu'il eust son corps & ses biens en la puissance d'autruy. Mais c'est le propre des magnanimes d'estre libres parmy les fers, d'autant que l'ame, quoy qu'emprisonnée dans le corps, & le corps serré dans vn cachot, ne laisse pas en pensée de se promener où il luy plaist, ne pouuant estre r'enfermée qu'autant qu'elle veut.

Pierre qui à vn naturel auare, ioignoit encore la cruauté, & l'arrogance, ne se contentant pas d'auoir tous les biens de ce Prince & sa personne en sa puissance, vouloit encore ioüir du malicieux plaisir d'insulter à sa disgrace & à son infortune, comme s'il eust ioüé au ieu du Roy despoüillé, ce qui estoit insupportable au Prince More. Auquel il ne desiroit rien tant que de faire vne querelle pour auoir suiect de le despoüiller de la vie, aussi bien que de ses tresors auec quelque couleur de Iustice, il luy fit ioüer tant de pieces, & faire tant d'indignitez que le More estant au delà de sa patience, ne peut se tenir de s'emporter en des paroles de precipitation qui luy cousterent la vie.

Ce n'est pas aux captifs à tonner des brauades contre ceux qui les tiennent, s'il faut

Historiques.

estre sourd & muet quand on entre en la maison d'autruy, beaucoup plus faut-il estre endurant quand on y est comme prisonnier ou esclaue. Le glorieux More ignorant de ces sages leçons parloit arrogamment comme s'il eust esté à Grenade parmy ses subiets, & lançoit des paroles de fer & de menaces comme s'il eust ietté de ces pots à feu que l'on appelle du nom de Grenades dans le camp de ses ennemis.

Cecy estant rapporté à Pierre qui ne cherchoit que l'occasion de se deffaire d'vn homme dont la vie luy estoit en charge & la presence odieuse, ne luy ayant fait faire toutes ces algarades que pour l'obliger à s'en aller, ou à faire ou dire quelque chose dont il le pust chastier sous quelque pretexte de Iustice.

En fin ayant appris que le Roy More parloit de luy prester le colet, & de mesurer son arc & son sable au sien en vn combat singulier, ne se contenta pas de luy faire faire son procez, & de le faire passer par les mains de la Iustice, si encor il ne s'en defaisoit ioignant la raillerie à la perfidie & à la cruauté. Mais feignant vn iour de se vouloir exercer aux buttes à tirer de l'arc auec le Roy More, il fit appeller à cét exercice les plus Grands & les plus addroits de sa Cour, lesquels prenans &

H ij

luy aussi des arcs & des fleches, il fit donner au Roy More vn meschant demy cercle fait en forme d'arc auec vne chetiue corde, & vne baguette au lieu de fleche, le priant par honneur de tirer le premier au blanc. Le More ne pouuant digerer cét affront qui luy estoit fait à la veuë de toute vne Cour, commença à desgorger contre Pierre tout ce que la colere & la rage peuuent tirer d'vne bouche quand elles maistrisent les sentimens & la langue: il n'y eut sorte de reproche qu'il ne luy fist, ny sorte d'outrage & d'injures qu'il ne luy vomist au visage. Ceste gresle plaisoit à Pierre d'autant qu'elle faisoit profiter son saffran, c'estoit vne pluye d'or dans son bassin.

Tous ses Courtisans d'vne commune voix luy disent qu'il doit faire taire l'abboy de ce chien Mahometan qui le maudissoit, & chacun s'offre pour luy trancher le sifflet d'vn reuers. Alors Pierre cachant son auarice, sa cruauté, & sa perfidie sous le manteau de Iustice commanda qu'il fust attaché au blanc & qu'il seruist de but aux fleches de tous les assistans, ce qui fut fait, & luy tira tout le premier, faisant sentir à ce pauure Prince autant de pointes de fer, qu'il auoit picqué sa reputation auec la pointe de sa langue.

Cependant les plus sensez blasmerent ceste action 1. d'auarice, car ce n'estoit que le desir d'auoir les tresors d'vn homme qui les luy auoit mis en depost, qui l'auoit porté à le ietter dans les extremitez du desespoir où il s'estoit precipité.

2. La perfidie violant le droit d'hospitalité en la personne d'vn Prince qui s'estoit ietté de bonne foy en sa protection, comme dans vne franchise.

3. D'inhumanité & d'inciuilité traittant vn Roy auec des indignitez plus honteuses à celuy qui les faisoit qu'à celuy qui les enduroit.

4. En fin d'vne vergoigneuse cruauté estant luy-mesme executeur de son injuste sentence, par vne action indigne non seulement d'vn Roy, mais du moindre particulier qui auroit le cœur assis en son lieu. (*Fulgos. lib. 9. de ses Exemples.*)

La generosité Royale.

HISTOIRE XIII.

AV Prince lasche, cruel, auare, & perfide qui a noircy les pages de l'histoire precedente nous en opposerons vn aussi genereux que l'on puisse imaginer & qui à la petitesse de son corps, ioignoit vne merueilleuse grandeur de courage.

Du temps que la grande Bretagne, c'est à dire l'Isle d'Angleterre, estoit partagée en plusieurs petits Royaumes, il y en auoit vn parmy tous ces Roys de qui la plufpart des autres estoient feudataires, quoy qu'ils fussent Souuerains dans leurs Estats & y portans le tiltre de Roys.

Nous voyons encor quelque image de cela dans l'Allemagne & dans l'Italie où la plufpart des Princes Souuerains releuent de l'Empire, & le Roy-mesme de Boheme comme septiesme au nombre des Electeurs, & dont la voix distingue le partage des autres.

Edgar estoit lors Roy de la grand' Bretagne, à la Couronne duquel les autres Roys rendoient quelque hommage, il estoit petit de stature & sa façon de si peu d'apparence, que comme Philotemon il eust pû estre pris pour autre qu'il n'estoit, & payer les despens de sa mauuaise mine. Son courage neantmoins estoit releué, & il marchoit en choses grandes & merueilleuses au dessus de sa portée.] Son esprit plus vaste que son corps estoit delié & subtil, & sa conduite estoit fort iudicieuse tant en paix qu'en guerre, iuste en l'vne, vaillant en l'autre, sage en tout temps.

Il n'ignoroit pas combien sa petite taille & sa chetiue mine rabattoit de l'estime qui estoit deuë à son merite, parmy ceux qui n'ont des yeux qu'en la teste, & qui ne iugent des choses que par l'apparence exterieure. Principalement il sçauoit qu'il en estoit fait vn parabole parmy les autres Roys ses tributaires & feudataires, & quoy qu'ils redoutassent les forces de son Royaume qu'ils ne faisoient pas grand estat de celles de sa personne. Ce n'estoient que brocards & sarcasmes en leurs bouches contre luy : ce qui le picquoit viuement, le mespris estant tout à fait insupportable aux grands courages tels qu'estoit le sien.

Quelques-vns passans des paroles aux effects, voulurent en venir aux reuoltes, &

comme secoüer le joug de sa prééminence & de son autorité, mais il les rangea par les armes à leur deuoir, & chastia les plus obstinez de si bonne façon, qu'il les rendit souples à sa Couronne, leur imprimant par la crainte de sa puissance le respect qu'ils deuoient à sa personne.

Il n'y auoit qu'vn nommé Quinant Roy d'vn canton de l'Escosse, duquel il ne pouuoit retenir la langue, qu'elle ne se portast tousiours contre luy en des paroles de mespris & de precipitation. Mais il n'osoit faire pis, de peur que le petit Emerillon ne vint fondre sur ses terres comme cét oyseau sur vne troupe de Moineaux, & n'y fist les mesmes rauages & carnages qu'il auoit fait sur ceux qui auoient voulu leuer les crestes.

Vn iour estant obligé de venir à la Cour d'Edgar pour quelques affaires importantes qui concernoient son Estat, aprés auoir pris toutes les seuretez necessaires pour sa personne, & receu la parole & la foy du Roy de la grand Bretagne qu'il ne luy seroit fait aucun deplaisir, il se rendit auprés d'Edgar qui le receut auec beaucoup d'humanité, & de courtoisie, & le traitta auec des honneurs, des magnificences, & des ciuilitez extraordinaires, comme s'il eust entrepris de vaincre le mal par le bien,] & de luy rendre des respects pour les mespris qu'il sçauoit que ce Roy Escossois faisoit de sa personne.

Le diuertissement le plus ordinaire, & le plus seant aux Roys est celuy de la chasse, dautant que c'est vne image de la guerre durant la paix, & qui tient tousiours leur vigueur en haleine, & où la fatigue & le hazard donne tousiours de l'exercice à leur valeur, ioint que ce plaisir violent transporte l'esprit, & charmer plus doucement les chagrins & les soins inseparables de ceux qui gouuernent.

Edgar voulut donner cét esbat à Quinant, & luy faire cognoistre la bonté de sa venerie. Cettuy-cy qui estoit fort adroit & non moins addonné à ce plaisir s'y accorda bien volontiers, mais comme ils brossoient apres le Cerf Edgar s'estant à dessein separé de ceux de sa suite fit tant par diuers houruaris qu'il se trouua seul auec Quinant en vn lieu fort escarté, alors il luy dit qu'il sçauoit de bonne part les propos de mespris qu'il tenoit ordinairement de sa personne, à raison de sa petitesse, & de son peu d'apparence, qu'il estoit lors en sa puissance d'esprouuer s'il auoit si peu de courage que de corps, & si peu de valeur qu'il luy attribuoit, surquoy luy donnant le choix de deux espées qu'il auoit toutes prestes, pour faire auec luy en combat singulier. Quinant fort surpris de ceste proposition se trouua tout à coup tellement abbatu de courage, & saisi d'vne si vehemente palpitation de cœur, qu'à peine pût-il tirer des paroles de sa bouche, car soit le respect qu'il deuoit à son Seigneur, soit la desolation d'Edgar, soit qu'il pensast qu'il ne pouuoit euiter sa perte quand bien mesme il resteroit victorieux, se voyant au milieu du Royaume d'Edgar, des subjects duquel il seroit deschiré, il ne peut faire autre replique que d'excuses, & de protestations de seruice & d'honneur enuers Edgard, auquel il iura vne fidelité nouuelle.

Quinant estant ainsi deuenu Quinault, Edgard le pria de considerer qu'il ne falloit pas mesurer les hommes à l'aune ny mesurer le cœur par le corps, que comme les petites boëttes contiennent quelquefois les meilleurs onguents, & les plus precieux parfums, aussi les petits corps peuuent estre susceptibles de generositez extraordinaires, comme l'on voit que la belette qui est vn si petit animal tuë des lapins & des lieures qui sont beaucoup plus grands qu'elle, qu'vn chien de mediocre taille peut attaquer vn sanglier, & vne petite vipere faire mourir vn taureau. Et quand Dieu assista Dauid ieune & petit il le rendit victorieux d'vn grand Geant. Que

Historiques. 123

c'est Dieu qui fait les corps & les Trosnes, & qui donne ou oste l'esprit & le courage aux Princes, que iamais vn vassal ne doit parler auec mespris de son Seigneur, d'autant que cela n'est pas seulement contre l'equité mais contre les regles de la ciuilité & de la bien-seance.

Apres cela ils s'embrasserent, se iurerent vne nouuelle amitié & poursuiuirēt leur chasse comme si rien ne se fust passé entr'eux. Quinant depuis ne cessa de loüer Edgar, & d'en dire autant de bien qu'il en auoit dit de mocqueries, publiant luy-mesme ce qui s'estoit passé entr'eux.

1. La vertu estant semblable au Soleil qui perce en fin tous les nuages qui s'opposent à sa lumiere, de qui ce Poëte disoit

Inueniet que viam aut faciet.

2. Il n'y a rien de si caché qui en fin ne vienne en euidence, soit bien soit mal, Dieu ne souffrant point que la vertu soit sans gloire, ny le vice sans honte.

3. Le vulgaire ne iuge que par le dehors, mais Dieu voit le cœur, & les Sages ne iugent de l'homme que par ce qui sort de son interieur.

4. La vanité des iugemens du monde qui n'estime les hommes que par la mine & les

femmes par la beauté, sans considerer que *fronti nulla fides*: qu'il n'y a rien de si trompeur que l'apparence, & qu'entre belle & bonne il y a vne grande distance, & que *raram facit mixturam cum pudicitia forma*, disoit vn ancien Historien: & vn Poëte

Lis est cum formâ magna pudicitiæ.
Fastus inest pulcris, sequiturque superbia formam.

5. Qu'ordinairement la Nature ou plustost le Dieu de la Nature, recompense par la grandeur de courage la petitesse de la taille, selon ceste maxime que la vertu ramassée est plus forte que la dispersée. (*Andreas Eborensis in Exemplis. Tit. fiducia sui ex Fulgosio lib. 3.*)

Le frein de la colere.

Histoire XIV.

LA colere en qualité de paſſion eſt vne bonne choſe, puiſqu'elle eſt creée de Dieu, de qui les œuures ſont parfaites] & qui reuoyant tout ce qu'il auoit fait vit que tout eſtoit fort bon] c'eſt d'elle que tire ſa denomination cét appetit ſenſitif que nous auons commun auec les animaux qui s'appelle iraſcible, à la moderation duquel s'employe & s'occupe la Vertu Cardinale que l'on appelle Force.

Ceſte paſſion eſtant indifferente comme les ſens exterieurs, peut eſtre matiere de vice ou de vertu, ſelon le bon ou mauuais vſage que l'on en fait, en la conduite de la droite raiſon elle fait de belles choſes, des actes de vaillance, de Iuſtice, de zele, de mortification, de correction de ſoy meſme ou d'autruy, mais dans ſon excez elle tombe dedans ce peché qui porte le nom de colere, & qui eſt l'vn des ſept que l'on appelle capitaux.

Il y a vne colere non ſeulement ſans peché

mais qui est bonne & saincte, puisque le S. Esprit par la bouche du Roy Psalmiste, nous ordonne de nous courroucer, mais de ne pecher pas] & la saincte Escriture attribuë du courroux à Dieu, en cent endroits, voire de la fureur.] Laisse-moy, disoit Dieu à Moyse, afin que ma fureur se courrouce; Ceste colere de Dieu qui est vn effect de sa Iustice ne peut estre que tres-excellente, puisqu'elle est conduite par la supréme raison qui est Dieu-mesme, lequel ne peut ny vouloir ny faire l'iniquité.]

Il n'en est pas ainsi de la colere de l'homme, laquelle, dit la saincte Parole, n'opere pas tousiours la Iustice, si elle n'est reglée par la droite raison ou par la grace, à cause de la propension au mal qu'ont les sens de l'homme dés son adolescence.] Si on luy lasche tant soit peu la bride elle nous emporte dans des precipices, c'est pour cela que le Poëte l'appelle vne courte fureur :

Ira furor breuis est, animum rege, qui nisi paret
Imperat hunc frenis, hunc tu compesce catena.

Sur tout il faut veiller sur ceste passiõ, lorsque nostre condition nous oblige de proceder à la correction d'autruy, car si nous ne nous y portons auec beaucoup de iugement & de moderation

Historiques. 127
In fectum volet esse dolor quod fuaserit, & mens,
Dum pœnas odio per vim festinat iniquo.

Il en est de ceste passion, dit le Philosophe de Cherone, comme de la chienne qui produit ses petits aueugles, aussi les premiers mouuemens de la colere sont tousiours inconsiderez.

Ces veritez trouuent leur confirmation dans l'action fort considerable d'vn Sage Ethnique, qui fait honte à beaucoup d'enfans de lumiere, & qui forme leur condamnation pour le grand iour du Iugement.

En la cité de Tarente en Sicile il y auoit vn personnage fort accommodé des biens de fortune, lequel espris de l'amour de la Sagesse & de la Vertu, quitta son païs & sa parenté pour aller apprendre les moyens d'y faire progrés de la propre bouche de ce Pythagore dont les preceptes estoient en si grande veneration parmy ses sectateurs, que c'estoit assez qu'il eust auancé vne proposition, pour estre tenuë par eux pour vn Oracle de verité infaillible. Apres auoir esté auditeur de ce grand personnage assez de temps pour apprendre non seulement quelles estoient les maximes de la vraye vertu, & de la moderation de l'esprit, mais qu'elle en estoit la pratique (car la vertu ne consiste pas tant en speculation qu'en action,) en fin par le congé de son maistre il reuint en son païs en resolution d'y prouigner autant qu'il pourroit les enseignements de la secte Pythagorique.

Et parce que ceste espece de Philosophes faisoit vne particuliere profession de parfaite mansuetude, & moderation d'esprit, & de combattre la colere iusques dans ses premiers mouuemens. Estant de retour dans ses biens, & voyant que celuy à qui il en auoit commis l'administration, en qualité de Negociateur & Oeconome, s'y estoit fort mal comporté, & y auoit commis beaucoup de maluersations & friponneries, cela le fit entrer en vne iuste indignation contre les negligences & malices de cét homme, qui auoit si manifestement abusé de la confiance qu'il auoit euë en luy, par la remise qu'il luy auoit faite du maniement de toutes ses facultez.

L'ayant donc par la reddition de ses comptes conuaincu de plusieurs larcins, & de notables sommes, Ie te chastierois, luy dit-il, selon tes merites, si ie ne craignois de lascher la bride à la colere. Voyez cét homme si bien fondé & enraciné en la vertu, il recognoist neantmoins la foiblesse, & n'ose se cômettre contre ce Lyon domestique de la colere, que nous portons dans nos entrailles, sçachant qu'en matiere de punition elle va tousiours plus

Historiques. 129

plus auant que l'equité ne permet, quand nous sommes nous-mesmes Iuges & parties en nostre propre faic. C'est vne estincelle qui excite vn grand embrasement si elle n'est esteinte dés son enfance.

Le mesme estant repris de plusieurs de ses amis & parens, de ce qu'il auoit laissé le soin de ses affaires domestiques pour vacquer à l'estude & aux speculations de la Philosophie Pythagorique, le comparant à cét Astrologue qui tomba dans vne fosse en contemplant les estoiles, & si attentif au mouuement des Cieux qu'il n'auisoit pas à ce qui estoit à ses pieds, estoit atteint de diuerses mocqueries & railleries il ne respondoit rien, estant fait comme sourd à tout cela, & n'ayant aucunes reparties en sa bouche.]

Vn iour quelqu'vn de ses amis luy ayant demandé comme par gaussetie ce qu'il auoit appris en l'Escole de Pythagore, & quel profit il y auoit fait, qui pust recompenser la perte de ses biés qui estoit arriuée par son absence & le mauuais mesnage de son negociateur; il respondit auec vne froideur & moderation merueilleuse, N'appellez-vous rien de souffrir auec tant de patience & d'egalité d'esprit vos mocqueries & celles de tant d'autres, apres vne telle perte Estimez-vous que l'acquisition de la vertu ne vale pas

I

plus que la conseruation de quelques biens qui sont en la main de l'aueugle fortune, & qu'elle distribuë autant aux bons qu'aux meschans, aux fols qu'aux sages.

A dire la verité, cét Ethnique s'esleuera vn iour en iugement contre beaucoup de Chrestiens qui en vne si grande lumiere de l'Euangile pratiquent des vertus de si bas alloy. Qu'eust pû dire de plus vn Salomon, qui n'estimoit à rien les richesses & les Diademes à comparaison de la Sagesse. Apprenons donc à nostre honte ces leçons.

1. D'aller autant que nous pourrons au deuant des premiers mouuemens de la colere, car il est plus aisé d'ecraser à la pierre de la patience ces petits:] c'est à dire ces premiers boüillons, que de les estouffer quand ils sont grands.

2. A ne chastier iamais que de sang froid, & auec vn iugement rassis, si nous voulons, (comme nous le deuons vouloir) que nos corrections reüssissent au profit de ceux qui seront corrigez.

3. Comme aux iugemens humains on recuse les Iuges ou passionnez ou interessez, aussi les chastimens que nous faisons en la chaleur de nostre indignation, ou pour venger les offenses qui nous sont faites sont ordinairement accompagnez d'injustice, nul n'e-

ſtant Iuge competent en ſon propre fait.

4. A priſer dauantage vne once de vertu que pluſieurs liures de biens terreſtres, dautant que la vertu n'a point de prix aſſez haut.

5. Si nous voulons eſtre vrayement riches, aimons les veritables richeſſes] qui ſont celles de la grace, en laquelle il eſt meilleur d'eſtablir & d'affermir ſon cœur qu'en tous les biens periſſables. Car que ſeruira à l'homme d'auoir gaigné tout le monde, ſi eſtant vn vaiſſeau vuide de grace & de vertu, il fait perte pour iamais de ſon ame.] (*Valere Maxime lib.* 4.)

La fuite de l'estime.

Histoire XV.

L'Honneur est comme l'ombre qui fuit ceux qui la suiuent, & suit ceux qui la fuyent, & comme le poil qui reuient d'autant plus espais qu'il est plus razé. On ne voit autre chose dans le monde que des hommes ambitieux qui poursuiuent les ombres des vains honneurs qui comme des Astomes se paissent & nourrissent de fumée & de parfums pareils à ceux qu'Ezechiel vid dans le Temple qui tournoient le dos à l'Autel en adorant des bouquets, laissans les vrais honneurs du Ciel, pour les vains de la terre. Certes toute creature est sujette à vanité,] & tout homme viuant est vne vanité vniuerselle,] & qui passe comme vn phantosme.]

Mais le sage comme les Astres, dit Seneque, va par le contre-pied du monde, & tout ce qui est monde n'estant que recherche de vanité, de volupté, ou d'vtilité, dit sainct Iean, il fuit les honneurs, les plaisirs, & les profits, mesmes legitimes, pour se parer plus fortement des illicites. C'est pour cela, dit sainct Paul, que les premiers fideles, ont cheminé par les solitudes mal vestus, mal nourris, couchez sur la terre & dans les cauernes, pleins d'angoisses, disettes, & de souffrances, le monde n'estant pas digne d'eux, & le monde leur estant comme vn crucifié à mespris & horreur.

Mais parmy ceux qui ont tesmoigné plus d'auersion de la vaine estime & reputation du monde il faut aduoüer que l'Hermite Hilarion a excellé, n'ayant fait presqu' autre chose, depuis sa retraite du siecle, que fuir çà & là, ceste reputation mondaine qui le suiuoit par tout auec autant de desdain de sa part, qu'elle est soigneusement poursuiuie par tant de personnes, qui comme ces Dragons du Prophete, ne font que humer le vent, & ne respirent que les vains honneurs de la terre.

Estant né en la Palestine de parens nobles & riches, qui l'ayans laissé orphelin en vn fort bas âge, à quinze ans ayant receu l'inspiration de vacquer à la vie solitaire, il eut le courage d'executer à la lettre la parole de IESVS-CHRIST; Va vends tout ce que tu as & le donne aux pauures pour venir à ma suite : il vendit son ample patrimoine, & l'ayant distribué aux necessiteux il se retira au desert, où estant vrayement pauure à l'imitation de Iesvs-Christ en sa vie cachée il ne viuoit que du trauail de ses mains.

Il quitta mesme son païs & sa parenté pour aller en la terre que Dieu luy monstroit, & suiure le Sauueur en Egypte, dans les deserts de laquelle viuoient plusieurs Anacorettes disciples de ce grand sainct Antoine qui fut la gloire des solitudes & des solitaires. Il se rangea auec les autres sous sa discipline où il profita de telle sorte, qu'il en estoit en admiration à ses confreres, desquels ne pouuant souffrir l'applaudissement & l'estime, & ayant veu que nul n'est Prophete en son païs, il s'y en retourna, estimant que viuant en pauure aux lieux mesmes où on l'auoit veu riche il y seroit mesprisé.

Mais il se trouua descheu de son attente, car il fut Prophete en son païs, & ce qu'il pensoit luy deuoir apporter de l'abjection fut ce qui l'esleua en vn plus haut degré de renommée, y estant visité dans la solitude qu'il y auoit choisie, d'vn si grand concours de peuple, qui alloit le consulter comme vn Oracle, & admirer sa vie extraordinaire, que n'y trouuant pas le sainct loisir qu'il cherchoit, pour vacquer à la tres bonne part de Marie la saincte contemplation, & que ceste ombre importune des applaudissemens populaires, ne cessoit de l'y persecuter, il se retira à la sourdine, & pour faire perdre sa piste, il se mit sur la mer & trajecta en la Sicile où s'estant caché dans la cauerne d'vne montagne, il ne gaignoit sa vie qu'à porter des faisseaux de bois sur son dos à la ville prochaine, trauail merueilleux pour vn corps delicat & de petite complexion comme estoit le sien, lequel il extenuoit tous les iours par les ieusnes, les veilles, les cilices, les couches dures, & l'exercice de la contemplation lequel dissipe beaucoup d'esprits.

Dieu luy ayant donné le don de faire des miracles, & de guerir des malades, ce fut par là qu'il fit cognoistre celuy qui ne demandoit qu'à se cacher, & à seruir au Dieu incognu & caché, en vne vie qui fust incognuë & cachée. C'est pourquoy se voyant accablé de recherches, ceux qui auoient des malades l'appellans à leurs maisons ou les portans à son hermitage, il quitta ceste contrée, & s'estant mis sur la mer il s'en alla en la Dalmatie en vne solitude proche de la ville d'Epidaure, où sa sainteté, & ses operations miraculeuses l'ayant rendu aussi celebre & plus qu'il n'auoit esté en Sicile, ne pouuant plus souffrir les honneurs qu'on luy defferoit, & qu'il auoit en abomination, il se ietta dans vn vaisseau qui faisoit voile en l'Isle de Cypre, où s'estant allé cacher en vne montagne voisine de Paphos, pour ne vacquer qu'à Dieu seul loin de la veuë des hommes, Dieu se seruit des demons mesmes pour le deceler, car plusieurs qui estoient dedans des personnes possedées declarerent durant les exorcismes qu'ils ne desempareroient que par la priere d'Hilarion seruiteur de IESVS-CHRIST nouuellement arriué en ceste Isle, & caché dans vne solitude.

On le chercha si bien qu'il fut rencontré, on luy amena plusieurs possedez qui sans autre exorcisme furent deliurez soudain qu'il eut prié sur eux: On luy amenoit aussi des malades trauaillez de diuerses infirmitez, lesquels il guerissoit par l'imposition de ses mains la vertu de Dieu estant auec luy.

Comme il meditoit encor de se sauuer en vn autre lieu, & se deliurer du trouble & de la foule des hommes, Dieu arresta par la mort le cours de ses voyages & nauigations, & de tout son pelerinage mortel, ayant esté toute sa vie comme pelerin & estranger sur la terre, & fugitif de la bonne renommé qui le suiuoit.

D'où nous apprendrons 1. combien se trompent ceux qui n'ayans que la vanité de la gloire mondaine pour object de leurs trauaux, n'operent tout le bien qu'ils font que pour acquerir vne grande reputation, disant auec cestuy-cy

Quam pulcrum est digito monstrari, & dicier hic est.

2. A cela visent la pluspart des Vacations, où ceux qui taschent d'exceller n'ont autre visée que de paroistre aux premiers rangs, & d'estre estimez par les hommes : Vanité des vanitez, & tout cela n'est que vanité.

3. A trauers combien de peines & de perils arriuent à ce peu de nom que peut donner vne gazette, ceux qui se iettent dans les armes en la profession militaire.

4. Que ne font les Aduocats & les Medecins pour acquerir de la vogue & de la pratique, & arriuer par là à la moisson d'or.

5. Tous les arts mecaniques & liberaux bandent à cela, à voiles & à rames. Et ie ne sçay mesmes si plusieurs Ecclesiastiques, Predicateurs, mesmes des plus reformez Conuentuels, ne sont point picquez de cét esprit.

——— *tantò maior famæ sitis est, quàm virtutis.* ———

6. Sainct Hilarion par son exemple peut picquer ceste enfleure, & en faire sortir le vent, & faire voir que la renommée veritable & saincte est vn don de Dieu, qui peut

estre mis au nombre de ces graces que les Theologiens appellent gratuitement données.

7. Si le Seigneur ne garde ceste cité, c'est à dire ne preserue des mauuais bruits, en vain tasche-t'on de s'en garantir, & si le mesme ne bastit nostre reputation en vain trauaille-t'on à l'edifier. Que d'hypocrites sont en honneur, que de gens de bien en mespris.

8. La reputation est comme la camomille qui ne profite iamais si bien que quand elle est plus foulée aux pieds. Quiconque hait son ame pour ceste vie la garde pour l'autre. (*Sainct Hierosme en la vie de Sainct Hilarion.*)

L'innocence iustifiée.

HISTOIRE XVI.

CEluy qui iustifie le meschant & qui condamne le iuste est en abomination deuant Dieu.] Mais en fin le Dieu des vengeances qui agit librement retribuë auec abondance à ceux qui commettent de telles iniustices.]

C'est ce que l'histoire suiuante vous va faire cognoistre, comme en vn Tableau à deux prospectiues, car vous y verrez l'innocence accablée, & puis releuée de son terrassement, par des voyes qui nous feront admirer de plus en plus les iugemens de Dieu.

Othon Empereur troisiesme de ce nom, eut pour femme vne Princesse de la maison d'Arragon appellée Marie, qu'il fut souuent sur le poinct de repudier à raison de sa sterilité, & mesmes à cause de plusieurs ombrages qu'elle luy donnoit de n'estre pas de trop honneste vie. Mais comme elle estoit artificieuse & prudente à faire mal, elle sçauoit auec tant de ruzes desguiser ses libertez, &

auec tant d'industrie & d'attraits se maintenir dans les bonnes graces de l'Empereur, que souuent elle l'obligeoit à luy demander pardon de ses soupçons, qui n'estoient que trop bien fondez, & dont l'effect n'estoit que trop veritable.

Mais enfin cōme les fins sont ordinairemēt surpris par leurs propres finesses, il se presenta vne occasion qui la mit à deux doigts des portes de la mort par vn honteux supplice, d'où estant eschappée tant pour la consideration de ses parens, les prieres de ses amis, & ses inuentions addroites, si elle eust sceu se rendre sage à ses despens, & par sa propre experience, elle ne se fust pas remise sur vne mer si orageuse que celle de ses effrenées passions, où elle fit enfin vn deplorable naufrage.

On descouurit que parmy ses Damoiselles d'honneur, il y auoit vn ieune garçon desguisé en fille, qui y estoit comme vn autre Achilles parmy les filles, mais qui y estoit pour autre chose que pour filer. C'estoit vn loup couuert d'vne peau de brebis qui faisoit vn merueilleux rauage dans la bergerie. Les graces particulieres que ceste pretenduë fille d'honneur receuoit de l'Imperatrice furent vn vehement soupçon, qui la mit en parabole parmy les Courtisans; qui pour de

Historiques. 141

moindres sujects aiguisent leurs langues comme des serpents, & les plongent dans la detraction.

Mais la subtile Arragonnoise recourant à ses artifices ordinaires fit tant, sur l'esperance qu'elle fit donner à ce Damoiseau desguisé de luy faire sauuer la vie, qu'il recognut s'estre seruy de ce stratageme pour vn amour vehement qu'il portoit à vne des filles de la Cour niant fortement mesme dans les tourmens de la question d'auoir eu aucun commerce auec l'Imperatrice, qu'en fin elle fut declarée innocente, & ceste fille contrefaite enuoyée au supplice du feu, disent les Historiens, & ses cendres jettées au vent.

Encor si ces cendres eussent pû amortir les charbons de ceste incontinente Princesse, & la froide peur de la mort glacer le sang qui boüilloit dans ses veines. Mais l'amour impudique ne se rend point aux apprehensions de la mort, il brusle mesme dedans les cendres, c'est vn feu Gregois qui s'enflamme par le vinaigre & l'eau des plus aspres dangers, le hazard raffine & aiguise la pointe de ceste passion, les eaux desrobées, dit le Sage, semlent plus douces & plus sauoureuses que les autres.]

Elle se laissa donc reprendre par les yeux à la beauté & bonne grace d'vn ieune Seigneur du titre de Comte qui estoit à la Cour de l'Empereur, lequel à vn exterieur digne du Sceptre ioignoit vne ame encore plus belle & ornée de tres-excellentes vertus, qualitez rares en ceste condition de vie ou l'on n'estime pas que la pieté & autres vertus ayent vn si grand commerce.

Comme elle ne manquoit pas d'esprit, & estoit fort ingenieuse en ses artifices, elle ne manqua pas d'industrie pour faire cognoistre ses affections à cet object qui les auoit innocemment allumées. Mais comme il n'auoit pas des yeux correspondans à ses regards de basilic, il auoit encore moins d'oreilles pour ses persuasions, mais il n'auoit pas assez de subtilité pour eluder ses poursuites. Ses fuites rendoient plus ardantes les poursuites de ceste enflammée, & comme rien ne rengrege tant le feu de l'amour que la difficulté, principalement celle qui procede de l'honnesteté, *Ingrata quæ tuta, prohibita furore prosequimur.*

Quod licet ingratum est quod non licet acrius vrit.
Aussi rien ne picque si fort ceste fole amante que les resistances qu'elle trouue à son desir, duquel elle estimoit trop honorer (s'il faut donner ce beau nom d'honneur à vne cupidité si infame) celuy à qui elle l'auoit fait cognoistre.

Historiques. 143

En fin ce chaste Ioseph ayant fait cognoistre à ceste Putiphare, qu'outre l'obeïssance inuiolable qu'il deuoit au commandement de Dieu qui luy deffendoit l'adultere sous peine de la mort eternelle, la fidelité dont il estoit obligé à son Souuerain estouffoit en luy vne pensée si perfide & si temeraire. A quoy si vous adioustez qu'il estoit dans les liens honorables d'vn chaste mariage, où il estoit attaché à vne partie belle, noble, & riche, à laquelle comme il auois donné toutes ses affections il possedoit reciproquement toutes les siennes, en sorte qu'il ne restoit en son cœur aucune place pour ceste estrangere, vous aurez trouué les iustes causes de l'honneste refus de ce Seigneur, lequel encore pouuoit se mettre deuant les yeux la frayeur des supplices preparez à vn crime si enorme s'il venoit à estre descouuert, estant mal-aisé de cacher vn feu si puant aux yeux de toute vne Cour, sans le faire paroistre par sa noire fumée, ou par quelques estincelles.

L'aueugle amante n'a aucun esgard à tout cela, l'inconsideration estant vne des qualitez inseparables de la passion qui l'anime, laquelle en fin lassée de poursuiure vn fuyant, passant, comme c'est l'ordinaire, d'vne extremité en vne autre, elle changea le vin de l'amour qui l'enyuroit, au vinaigre de la haine, & pensant estre mesprisée, elle conuertit son inclination en indignation, & sa propension en fureur, le desespoir d'arriuer au poinct où elle pretendoit l'animant d'vne telle rage, qu'elle se resolut de perdre celuy qu'elle ne pouuoit gaigner, en l'accusant, comme fit la femme de Putiphar le chaste Ioseph, du crime dont elle mesme estoit coulpable.

Comme elle estoit extrémement artificieuse, & addroite à gouuerner à sa fantaisie l'esprit de l'Empereur son mary, elle ne manqua pas auec ses larmes de crocodille, qui ne pleure que quand il veut deuorer quelqu'vn, de s'insinuer dans sa creance, & par là de luy persuader tout ce qu'elle voulut contre l'innocence de ce Comte, qui se vid aussi tost ietté dans vne obscure prison, sans que le rayon de la verité y pust penetrer pour faire voir son innocence.

La ialousie de l'Empereur fit faire son procés si promptement & si chaudement que tous moyens de se iustifier luy furent ostez, & n'osant se seruir de recrimination, ny reietter sur son accusatrice la faute dont elle le noircissoit, il n'eut autre consolation auant sa mort sinon de pouuoir parler à sa chere femme, à laquelle ayant raconté tout le suiet de son desastre, il la pria de prendre sa
mort

mort en patience, puisqu'elle procedoit d'vne cause plus digne de loüange que de blasme, & qui ne pouuoit deuant Dieu & ses Anges apporter aucune flestrisseure à sa race: l'asseurant comme par vn esprit prophetique que Dieu reueleroit en son temps son innocence, & ne permettroit pas que la verité succombast sous l'iniustice.

Il mourut ainsi auec vne grande constance, sans murmurer ny contre ses Iuges ny contre son accusatrice, mais adorant les Iugemens de Dieu; & implorant sa misericorde sur son ame. Ayant obtenu que son corps apres que la teste en auroit esté separée, eust la sepulture Chrestienne, il dist à sa femme (comme par vne secrete inspiration du Ciel,) qu'elle fist embaumer sa teste & la gardast, d'autant que Dieu par elle manifesteroit son innocence à la confusion de ceux qui l'opprimoient.

De là à quelque temps il aduint que l'Empereur assembla vne Dietre, c'est enuiron ce que l'on appelle en France les Estats generaux ou les grands-Iours, ausquels toutes les plaintes sont oüies de ceux qui sont vexez, & sont faites des iustices exemplaires de ceux qui oppriment les autres, & dressez des reglemens pour tenir les trois ordres de l'Eglise, de la Noblesse, & du Peuple en leur deuoir.

K

La femme du Comte inconsolable de la perte de son cher mary, de l'innocence duquel elle estoit tres-asseurée, touchée comme il est à croire, de quelque particulier mouuement du Ciel, (car celuy de la Nature seule ne porte pas à des desseins si releuez ny si extraordinaires,) & iettant toute sa confiance en Dieu, se presente deuant l'Empereur & toute l'assemblée, & là reuelant tout le secret qui auoit causé la mort à son mary, se fait partie formée contre l'Imperatrice, & s'offre à prouuer tout ce qu'elle auance en se mettant elle-mesme auec la teste de son mary dans vn grand feu, où si elle demeuroit consommée elle payeroit par ce supplice la temerité de son mensonge, que si elle y demeuroit & ceste teste aussi sans lesion, elle ne demandoit autre vengeance sinon qu'il fust restitué en sa bonne renommée, par la declaration de son innocence, laissant le reste à la discretion de l'Empereur.

Elle fut receuë par la commune voix de toute l'assemblée à vne si extraordinaire preuue, les Iuges estans portez à ceste concession par le mesme esprit de Dieu qui est celuy de verité, lequel poussoit la Comtesse à s'exposer à vn manifeste peril de sa vie. Le feu est allumé dans vne place publique, elle s'y ietta genereusement tenant en ses mains la teste de son mary, elle y demeure saine & sauue, ses habits mesmes n'estans pas endommagez par la flame, marque authentique de la veritable innocence de celuy qui auoit esté iniustement accusé.

Apres cela elle receut l'entherinement de sa requeste, au restablissement de la bonne renommée de son mary; le miracle (car comme peut-on appeller autrement ceste preuue si extraordinaire) donna tellement dans les yeux de tout le monde que ceux de l'Empereur furent dessillez: or soit de luy-mesme, soit par inspiration diuine, soit par la secrete manifestation que luy en fit la femme du Comte, à qui son mary prest d'aller à la mort, auoit descouuert la veritable cause qui le conduisoit au supplice, se resolut de prendre vne iuste vengeance de tant de torts que ceste mauuaise femme auoit faits, & à son honneur, & à la fidelité qu'elle luy deuoit.

Quelques historiens disent que son indignation contre elle, ou sa ialousie (passion que l'Escriture compare à des lampes qui portent vn total embrasement & vne entiere consommation) s'allumerent de telle sorte qu'il la condamna d'entrer dans le mesme feu où la femme du Comte s'estoit exposée, où elle fut aussi tost reduite en cendres. D'autres disent plus vray-semblablement qu'il luy fit trancher la teste & puis consommer son corps par le feu dont les cendres furent iettées au vent.

D'autres disent que la femme du Comte ne purgea l'accusation de son mary que par le maniement d'vn fer tout rouge, sans lesion de sa main, espreuue dont les histoires font vne frequente mention.

Tant y a que nous recueillirons de tout eccy. 1. Que les pechez des Grands & des Grandes sont comme les taches qui apparoissent dans l'orbe de la Lune, qui sont à la veuë de tout le monde, estant mal-aisé pour ne dire impossible, que ceux-là puissent cacher leurs defauts qui sont mis en spectacle au monde, aux Anges, & aux hommes.]

2. Que le desguisement de ce iouuenceau, estoit proprement mettre le loup dans la bergerie, couuert d'vne peau de brebis.

3. Que ce n'est pas sans sujet que la closture des Moniales est si estroitement & seuerement commandée & recommandée par le dernier Concile general, non seulement l'inclusiue mais encor l'exclusiue, hors les cas de necessité exceptez de droit, veu qu'il est facile à des visages ambigus de tromper les yeux par des traueftissemens.

4. Que les femmes de mauuaise vie, mais filles en leur malice, sçauent par mille fasci-

nations, attraits, & cajolleries, gaigner le courage de leurs maris, quãd ils en sont coiffez, & que leur affection les rend credules.

5. Qu'il est aisé aux Grands d'en imposer aux petits, lesquels sont contraints de succomber à leurs violences, & à leurs injustices.

6. Que c'est vne dangereuse chose que de tomber sous la malice des faux-tesmoins, à raison dequoy Dauid prioit qu'il le deliurast de la calomnie des hommes.]

7. Qu'à la fin Dieu protecteur de l'innocence, la retire des griffes de la calomnie, par des moyens & des voyes si extraordinaires qu'elles nous rauissent en admiration. (*Albert Crants. lib.* 4. *Saxoniæ cap.* 26. *B. Antonius in Summ. histor. part.* 2. *tit.* 6. *capit.* 3. *Iacobus Strada in Thesauro Imperator. Conradus Lycostenes in Theatro mundi.*)

La faim de Iustice.

Histoire XVII.

PArmy ces sacrez deserts qui furent autrefois habitez par ces saincts Anacorettes, desquels Sainct Paul auoit autrefois dit en esprit prophetique, que le monde ne seroit pas digne,] viuoit vn Reclus appellé Pastor, de qui Dieu manifestoit la Saincteté par le don des miracles. Plus il se cachoit & plus Dieu le rendoit celebre, & moins il recherchoit la reputation & l'estime du monde, plus estenduë estoit sa renommée.

Plus soigneusement il se desroboit à la veuë des hommes, plus passionnément desiroient-ils de le voir, n'y ayant rien qui picque dauantage la curiosité que ce qui est ou difficile ou defendu. Plus il vouloit cacher sa lampe sous le boisseau plus Dieu la mettoit sur le chandelier afin qu'elle portast aux enuirons les rayons de sa lumiere.

Le grand nom de ses vertus, & des merueilles que Dieu operoit par luy, dóna le desir au gouuerneur de la Prouince de le voir & de luy parler. Il luy enuoya vn messager pour le prier de le venir voir, & que luy signifiant le temps de son loisir, il luy enuoyeroit des cheuaux ou des chariots auec vne bonne escorte, afin qu'il marchast en toute commodité & seureté. Le Reclus tout confus de cét Ambassade, pensa en luy-mesme que si les moindres du peuple venoient à sçauoir qu'il fust ainsi recherché des plus Grands, ils l'auroient en trop haute estime, & qu'ainsi il seroit accablé de leurs visites, ce qui troubleroit sa solitude, & le repos necessaire à la vie contemplatiue qu'il auoit choisie pour la meilleure part, &, ce qui seroit le pis, possible que ces honneurs luy donneroient de la vanité, ou au moins exposeroient son humilité au danger de se perdre, & que ce fondement de l'edifice spirituel estant sapé, il faudroit necessairement que l'edifice de son salut allast en ruine.

Qu'il n'estoit pas raisonnable, qu'ayant quitté le siecle de cœur aussi bien que de corps, les seculiers vinssent à luy, que comme le monde luy estoit crucifié il le deuoit estre au monde,] ioint qu'estant Reclus, il deuoit viure parmy les obscuritez entre les morts du siecle] & estre du nombre de ceux qui blessez du traict du diuin amour dorment dans les sepulcres, de qui l'on ne se souuient plus] estans mis en oubly comme sont les morts]

Mais pour se dispenser honnestement de la semonce que luy faisoit le Gouuerneur, il tira son excuse de la condition de sa vie, en laquelle faisant profession d'vne closture tres exacte, il ne pouuoit sans la violer sortir de son hermitage, où il s'estoit enfermé côme dans vn tombeau pour y mourir à soy-mesme, & à toutes les creatures. Cét honneste refus fit à son désir ce que l'eau des forgerons fait sur le brasier de leurs forges, il en fut rengregé & rendu plus vif, se persuadant qu'il falloit que cét homme fust bien destaché des affections du siecle, puis qu'il refusoit vn honneur qui eust esté ambitieusement accueilly par les plus Grands de la Prouince.

Il se resolut donc de l'aller visiter en sa solitude, mais pour ne le troubler pas par son abord, il luy enuoya vn secõd messager, pour prendre de luy le temps & le iour auquel il pourroit iouïr de son entretien, ayant à luy communiquer des choses fort importantes de son interieur, & qui regardoient son salut eternel.

Pasteur fut plus estonné de ce second Ambassade que du premier, & ne sçachant quelle excuse trouuer pour destourner cét orage, qui menaçoit de nauffrage sa bien-heureuse tranquillité, il ne peut faire autre chose que de prier le Gouverneur par celuy qu'il luy avoit envoyé, de ne venir point troubler le repos des morts, desquels il n'auroit autre entretien que du silence, disant comme le Prophete, qu'il ne pouvoit parler non plus qu'vn enfant,] qu'il estoit homme ignorant sans aucune litterature,] sans cognoissance des affaires du monde, & tres-incapable de conduire des ames au regard du salut, n'estant Pasteur que de nom & non d'effect. Que ce seroit chercher des voix du milieu des pierres, que de venir le consulter dans sa cauerne, qu'il n'estoit ny Prophete ny enfant de Prophete, qu'il estoit comme vn homme sourd, & n'ayant aucunes repliques en la bouche,] que ce seroit vouloir cueillir des raisins dessus des ronces, & des figues sur des espines] que rechercher des conseils luy qui auoit plus besoin d'en receuoir que d'en donner : que tout ce qu'il disoit n'estoit pas tant par sentiment d'humilité que par cognoissance d'vne tres-claire verité.

Avec laquelle il protestoit que si le Gouverneur le venoit trouuer dans sa Cellule il ne l'y rencontreroit pas, mais s'enfonceroit si auant dans le desert, & se mettroit en lieu si peu accessible que l'on n'auroit de luy ny trace ny marque, ne demandant rien plus que d'estre caché dans le secret du visage de Dieu, & y estre à l'abry du trouble des hommes & de la contradiction des langues.]

Cecy estant rapporté au Gouuerneur il estima plus à propos de laisser ce Pelican dans sa solitude, ce Hibou dans son domicile, & ce Passereau solitaire sous son toict] que de l'effaroucher dauantage, & luy faire parauanture prendre essor hors de la Prouince, luy estant aduis que comme la presence de Iacob remplissoit de prosperitez la maison de Laban, aussi estoit-ce vne benediction à la Prouince où il gouuernoit d'y auoir pour habitant vn si fidele seruiteur de Dieu.

Ceux qui estoient autour de luy le voulurent esmouuoir à indignation contre le saint personnage, comme si par mespris il eust desdaigné de le voir & de luy parler, faisans comme les Courtisans d'Assuere qui persuaderent à ce Prince que la Reyne Vasthi l'auoit mesprisé n'ayant pas voulu obeïr à l'inepte commandement qu'il luy auoit fait, quoy que ce fust par honnesteté plustost que par desobeïssance qu'elle s'en fust dispensée.

Mais le Gouuerneur iugea plus sainement des intentions du vertueux Anacorette, & eut raison de croire que son humilité ne luy eust pas permis de prendre party auec ceux qui blafphement les Majeſtez, & qui meſpriſent les Dominations.] Il imputoit au contraire par humilité, à ſes deffauts & à ſes pechez le refus qu'auoit fait l'homme de Dieu de communiquer auec luy, diſant qu'il ne meritoit pas cét honneur ny ceſte conſolation.

Nonobſtant cela il ne perdit ny le deſir ny l'eſperance de voir ce bon homme, diſant, que ſi Dieu le vouloit & que ce fuſt ſa gloire, il ne manqueroit pas d'en faire naiſtre l'occaſion, lors, poſſible, qu'il y penſeroit le moins, d'autant que ceux qui eſperoient en Dieu n'eſtoient iamais confondus de leur attente] Et de fait il creut que Dieu luy en auoit mis l'opportunité dans les mains en vne rencontre qui fut telle.

Paſteur auoit dans le ſiecle vne ſœur mariée, qui auoit pluſieurs enfans, entre leſquels il y en eut vn qui prenant querelle contre vn de ſes compagnons en vint aux mains iuſques au poinct de bleſſer l'autre à mort. Le bleſſé appartenant à des perſonnes ſignalées, firent mettre en priſon celuy qui l'auoit bleſſé, la vie duquel eſtoit en compromis ſelon l'euenement de la bleſſure de l'autre que l'on tenoit pour deſeſperée. La mere qui eſtoit vefue voyant ſon fils priſonnier, qui eſtoit le principal appuy de ſa maiſon, & toute la consolation de sa vieillesse, se va ietter aux pieds du Gouuerneur pour en obtenir la grace, mais comme il estoit Magistrat plein de Iustice & d'equité, il ne put pas enteriner sa requeste, promettant seulement d'apporter en ceste cause tout le temperament & toute la misericorde qui y pourroit estre desirée, pourueu que ce fust sans lesion de la Iustice & des Loix.

Tandis que la maladie du blessé tire en longueur, on conseille à ceste femme mere du prisonnier & sœur de Pastor, de se preualoir enuers le Gouuerneur du nom de son frere, estant assez commun de remuer toute pierre, & de se seruir de toutes pieces pour se tirer de pas si dangereux, comme sont les procés criminels où il va de l'honneur & de la vie. Ceste femme ayant donc fait entendre au Gouuerneur qu'elle estoit sœur de Pastor, que le criminel estoit son neueu, le priant d'auoir pitié de l'inconsideration de ce ieune homme en faueur de la saincteté de son oncle: Le Gouuerneur respondit que les vertus aussi bien que les fautes estoient personnelles, & comme le crime du neueu ne pouuoir estre imputé à l'innocence de l'oncle, aussi la saincteté de cestuy-cy ne rendoit pas l'autre moins coulpable.

Toutefois pensant que Dieu luy offrist en

Hiſtoriques. 157

ceſte occurrence le moyen de voir le Reclus, & de luy parler; il dit à ceſte femme, qui eſtoit ſa ſœur, que ſi elle pouuoit luy faire voir ſon frere, il taſcheroit de ſe conformer à ſes conſeils, & de rendre à ſon fils ce qui ſeroit de iuſtice. Ceſte mere conceut auſſi toſt vne bonne eſperance de l'affaire de ſon fils ſur les paroles du Gouuerneur, n'eſtimant pas que la pieté de ſon frere luy deuſt refuſer ſon aſſiſtance en vne affaire de telle conſequence.

Mais elle ſe trouua bien deſcheuë de ſon attente, parce qu'eſtant arriuée à l'hermitage de Paſteur, non ſeulement il ne voulut pas l'y donner entrée, mais non pas meſme parler à elle, ny ſçauoir pour quel ſujet elle l'eſtoit venuë trouuer. Neantmoins le luy ayant fait entendre par le frere qui le ſeruoit & qui luy apportoit ſa nourriture de dehors : Il luy manda par le meſme, que Paſteur n'ayant iamais engendré d'enfans, il ne ſe falloit pas eſtonner, s'il ne ſe paſſionnoit point pour leur conſeruation & qu'elle miſt ſa confiance en Dieu, & non pas aux hommes auſquels il n'y a point de ſalut.]

Ceſte femme perdant la patience auec l'eſpoir ſe mit à declamer contre luy, & à luy dire tous les outrages que la fureur peut tirer d'vne bouche dont elle poſſede le cœur. Cruel, impie, hippocrite, infame, deſnaturé, barbare, execrable estoient les plus douces fleurs de sa Rethorique courroucée. Mais la patience du Reclus estant au dessus de la colere de sa sœur, il ne respondoit à tout cela que par le silence; se contentant de benir en son cœur celle qui le maudissoit de bouche.

Retournée qu'elle fut vers le Gouuerneur, se plaignant de la dureté de son frere, qui n'auoit voulu ny la voir ny l'escouter. Le Iuge luy fit entendre par vn de ses domestiques, que si elle pouuoit obtenir vne lettre de l'Anacorette, elle ne luy seruiroit pas de peu en la cause de son fils, tant le Gouuerneur auoit de desir de cognoistre soit de veuë, soit de parole, soit par escrit quel homme estoit ce Reclus de qui la renommée estoit si grande & si celebre en sa Prouince.

Ceste femme sur ceste esperance estant assistée de plusieurs de ses parens & amis se transporta en la solitude où Pasteur estoit retiré, & par la persuasion de ceux qui l'accompagnoient, & qui furent admis à parler à luy, il se sentit obligé, tant de peur de les contrister, que de leur causer du scandale en leur refusant cét office d'humanité, de prendre la plume & d'escrire au Gouuerneur. Mais ce fut d'vne maniere si seche, qu'il tesmoigna bien n'auoir deuant les yeux en tout ce procedé que l'interest de la gloire de Dieu, &

Historiques. 159

vne faim merueilleuse de la Iustice. Il l'exhorta donc quoy que d'vne maniere humble & suppliante, de faire soigneusement & diligemment examiner la cause de son neueu, & que sans auoir esgar à la chair ny au sang, & sans faire aucune acception des personnes il fist ce qui estoit de la Iustice, iusques à faire mourir le coulpable si par les loix il estoit trouué digne de mort, estant bien plus à desirer qu'il payast dés ce monde la peine de son forfait, que d'en estre puny eternellement en l'autre. Que si par l'information il se trouuoit qu'il y eust lieu de l'absoudre, il se souuint de la fragilité humaine, & que Dieu qui est la mesme Iustice veut bien que sa misericorde surnage son iugement,] ne retenant point sa pieté dans ses plus vehementes coleres.] Que Dieu feroit misericorde aux misericordieux,] & que iugement sans misericorde à celuy qui n'auroit point meslé la misericorde dans son iugement.]

Celuy de qui ie tire ceste histoire ne passe point plus outre dans l'euenement, ce qui fait que ie m'arreste icy, pour n'adjouster des conjectures à des veritez, seulement i'y feray place à ces reflexions. 1. Que c'est le propre de ceux qui ont parfaitement renoncé au monde, de faire peu de cas de l'estime du peuple, & aussi de celle des Grands, comme d'vn bien si fresle & si friuole, qu'il ne merite pas de tenir place en leur consideration.

2. Qu'au contraire la trop grande reputation est redoutée par leur humilité, comme vn esclat qui blesse la foiblesse de leur veuë, n'ayans sur eux-mesmes que des regards de bassesse & d'abjection.

3. Seigneur, disoit Dauid, mon cœur ne s'est point exalté, ny mes yeux ne se sont point esleuez, ie n'ay point cheminé en choses grandes, ny merueilleuses au dessus de ma portée, au contraire i'ay eu des sentimens humbles] & tels que les doit auoir vn homme qui sçait que sa substance est vn pur neant deuant vous.]

4. Que ceux qui se conuertissent à Dieu de tout leur cœur font comme l'Apostre, lequel estant conuerty, aussi tost n'acquiesça plus à la chair & au sang.]

5. Que celuy qui ne hait pere, mere, frere, sœur, parens, amis, maison, patrie, pour Dieu, n'est pas digne de IESVS-CHRIST.]

6. Que ceste haine s'entend comparatiuement, & non positiuement, c'est à dire qu'à comparaison de l'amour que nous portons aux creatures qui nous sont les plus cheres, doit paroistre vne haine.

7. Non pas que ce soit vne haine positiue & veritable, car si nous sommes obligez d'aimer

mer noſtre prochain, voire nos ennemis, comme nous-meſme, combien plus ceux qui nous ſont proches de conſanguinité auſquels ſelon l'ordre de la charité, nous deuons quelque plus haut degré de dilection, qu'à ceux qui ſont plus eſloignez.

8. Que les iugemens des ſeruiteurs de Dieu ſont bien differens de ceux des mondains qui ſuiuent pluſtoſt les mouuemens de leurs paſſions, que ceux de la droite raiſon & de la grace: car ils ne s'eſcartent iamais du niueau de la Iuſtice & de l'equité.

9. Que ceux qui ont faim & ſoif de Iuſtice ſont appellez bien heureux d'autant qu'vn iour ils en ſeront raſſaſiez & deſalterez.]

11. Qu'vn homme iuſte, droit, & craignant Dieu, eſt comme le Soleil qui ne ſort iamais de ſon eclyptique, ny celuy-là du ſentier de droiture & d'equanimité.

11. Qu'il y a des Saincts qui plaiſent à Dieu pour la douceur & la tendreté, d'autres par la rigueur & ſeuerité, l'vne & l'autre qualité eſtans filles de la Charité: La rigidité & la flexibilité peuuent ſeruir à la gloire de Dieu pourueu que l'amour les y employe. (Collector magni ſpeculi Exemplor. Tit. Affectus Exemp. 1. ex vitis Patrum.)

L

La paix plaſtrée.

Histoire XVIII.

Eux qui ont appellé ciuiles les guerres inteſtines des Eſtats qui ſe font entre les compatriotes, ſemblent les auoir ainſi nommées par antiphraſe, comme les Latins le mot de *Bellum*, d'autant qu'elles ſont fort inciuiles, & pleines d'inhumanitez beaucoup plus barbares & cruelles que ne ſont celles qui ſe font contre les eſtrangers.

Car tout ainſi que durant vne furieuſe tempeſte, on ne peut attendre qu'vn aſſeuré nauffrage, ſi les Pilotes tombent en diuiſion, la ruine d'vn Eſtat n'eſt-elle pas euidente lors que ceux qui le gouuernent entrent en contraſte, & luy deſchirent les entrailles par des ſeditions domeſtiques.

Durant celles qui agiterent ce Royaume, ſous la minorité du Roy Charles IX. & la Regence de la Reyne ſa mere Catherine de Medicis, tant de ſang y fut reſpandu, qu'il ſembloit que la France ne fuſt autre choſe qu'vne boucherie, & vn theatre de carnage & de cruauté, & qu'elle eust entrepris, comme vne forcenée, de se deffaire de ses propres mains.

Ce qui rendoit ces effects encore plus sanglants estoit leur cause, n'y ayant rien de plus sensible aux hommes que leur Religion, les choquer en cela estant les toucher en la prunelle de l'œil,] & dans les plus delicats sentimens de leurs ames. Bien qu'il n'y ait qu'vne vraye Religion, & que de deux partis qui combattent pour ce suject il y en ait necessairement vn mauuais, & qui soustienne vne fausse creance, si est-ce que la persuasion la faisant passer pour veritable dans les esprits de ceux qui la maintiennent, leur mauuais zele produit en apparence les mesmes effects que le bon; le diable pere de mensonge ayant ses Martyrs aussi bien que le Dieu de verité, s'il faut appeller ainsi ceux qui meurent pour la deffense de leur erreur; estant la cause non l'effect qui produit le martyre.

C'est ce qui acharnoit tellement les François contre les François mesmes, qu'il sembloit qu'en s'entretuans ils rendissent vn grand seruice à Dieu.] Apres tant de grandes saignées qui rendoient tout ethique pluftost qu'elles ne guerissoient le corps de ceste Monarchie, la necessité obligea les deux partis à rechercher la paix, qui pourtant ne fut pas de longue durée, car les Religionnaires ennemis de la Royauté & de l'Estat Monarchic comme chacun sçait, ne manquoient pas de rompre toutes sortes de traitez & d'accommodemens aussi tost qu'ils rencontroient l'opportunité d'auancer leurs affaires & de se saisir de quelques villes pour fortifier leur party, estant mal-aisé que ceux là gardent la foy à leur Prince, qui l'ont faussée à Dieu & à son Eglise.

La Reyne mere du Roy qui durant sa minorité de l'Estat, ne demandoit rien tant que la paix, voyant que ces diuisions ciuiles ne tendoient qu'à l'entiere destruction & demolition de la Couronne de son fils, & que les villes que les Religionnaires vouloient auoir pour leur pretenduë seureté, ne tendoient qu'à establir vn Estat dans l'Estat & à y former, comme en Hollande, vne forme de Republique & de gouuernement Democratique.

Voyant donc que ceste paix tant desirée ne se pouuoit assez cherement acheter on fit plusieurs traitez autant auantageux aux Religionnaires qui ne demandoient qu'à pescher en eau trouble, que dommageables à la dignité & autorité Royale, & qui ne se pouuoient excuser que par la necessité du temps & des affaires, la prudence dictant qu'il valloit mieux plier que de rompre tout à fait, & qu'il failloit conduire le gouuernail de la barque selon la varieté des flots dont elle estoit agitée.

Parmy les articles des Traitez que l'on fit auec les Religionnaires il y en eut vn que les Chefs de leur party firent couler qui estoit tout à fait contre la commune experience, & qui tesmoignoit bien que les affaires du Prince estoient en vn deplorable estat, puis qu'on en estoit reduit à le passer. Il contenoit non seulement amnistie & oubliance de tout le passé, mais par vne hardiesse sans exemple ils vouloient que leurs crimes passassent à la monstre pour vertus, & que leurs rebellions & reuoltes portassent le titre de seruices, appellans le mal bien, & mettans les tenebres en la place de la lumiere.]

Et firent coucher par escrit & signer par les deputez du Roy & de la Royne Regente, que tout ce qui auoit esté fait par les Religionnaires durant les guerres ciuiles, auoit esté entrepris pour le seruice exprés du Roy, & pour l'auantage de sa Couronne : donnant à leurs attentats, remuemens, & leuées d'ar-

L iij

mes le nom d'obeïssance, & de fidelité. La necessité de la paix fit aualer ce calice d'amertume comme l'on prend des drogues & medecines fascheuses pour recouurer la santé.

Mais ceux qui estoient aussi bons François que francs Catholiques ne pouuoient digerer ceste vergoigne faite en mesme temps à l'Estat, à la Religion, & à la verité. Mais nul ne s'en declara plus ouuertement que le genereux Prince de Martegues pere de ceste tres-illustre & tres-vertueuse Princesse feuë Madame la Duchesse de Mercœur, car ne pouuant souffrir la douleur interieure de cœur qu'il en ressentoit sans en rendre quelque tesmoignage, il prit vne belle occasion pour faire cognoistre à toute la Cour la foiblesse du Conseil qui auoit laissé passer cét article.

Car voyant vn iour le Roy accompagné de plusieurs Princes, Officiers de la Couronne, & grands Seigneurs, il se mit à genoux deuant sa Majesté luy demandant pardon de sa felonnie, pour auoir osé porter les armes contre luy durant toutes les guerres passées. Surquoy le Roy luy ayant reparty, qu'il auoit tort de parler de la sorte, ne cognoissant aucun Prince ny Seigneur en tous ses Estats du seruice & de la fidelité duquel il eust dauantage à se loüer, en ayant receu en tant d'occafions des preuues si signalées. Monsieur de Martegues repliqua, que les articles de paix que l'on venoit de signer estoient tout à fait contraires au tesmoignage que sa Majesté daignoit rendre de sa loyauté. Car s'il est vray, dit-il, que les Huguenots ayans leué leurs armes pour vostre seruice, & l'auantage de vostre Estat, il faut necessairemét que i'en sois recognu pour ennemy, & par consequent pour vassal infidele. Puisque durant tous ces troubles qu'ils ont excitez i'ay esté leur aduersaire, & les ay combatus à outrance, en toutes sortes de rencontres, escarmouches, batailles, sieges de villes, & les playes dont ie suis couuert, & tant de biens que i'ay perdus, tant de terres qu'ils m'ont bruslées & rauagées, en sont des tesmoignages authentiques.

Et le Roy & tous les Grands qui estoient auprés de luy furent gratieusement esmeus, de la franche liberté de ce genereux Prince: Et tous tant en general qu'en particulier loüerent son courage, & le zele qu'il auoit tant pour la Religion Catholique, que pour la gloire de la Couronne, mais ils conclurent que la necessité estoit vne dure & imperieuse Maistresse qui contraignoit souuent & les loix & les Roys de flechir sous sa violence, & que la paix estoit vn si grand bien & si neces-

L iiij

faire qu'il ne se pouuoit acquerir qu'à haut prix, la plus iniuste paix, estant plus à estimer & à desirer que la plus equitable guerre. Que souuent il falloit que l'honorable cedast à l'vtile, & n'exposer pas tant vn Royaume au feu & au sang pour pointiller sur des paroles. Tout expedient qui procure le repos public ne pouuant estre qu'honneste. L'Euangile mesmes nous enseignant à aimer ceux qui nous haïssent, & à benir ceux qui nous maudissent, & à faire du bien à ceux qui nous persecutent.]

Cecy nous apprend 1. de quel bois se chauffent les Religionnaires, & à quel degré d'insolence monte leur orgueil quand ils ont la force à la main, & que les affaires leur succedent, car comme ils sont lasches & craintifs en l'aduersité, ils sont arrogans, fiers, & insupportables en la prosperité.

2. Que comme leur secte est Democratique en sa discipline Ecclesiastique, elle a en auersion l'Estat Monarchique, ce que le Roy de la grand' Bretagne Iacques I. a tres bien remarqué touchant les Puritains qu'il appelle ennemis iurez de la Royauté, ce que son successeur experimente maintenant de leur rebellion à la veuë de toute l'Europe.

3. Que les levres trompeuses de ces gens-là parlent en vn cœur, & en vn cœur] que

lors qu'ils parlent de paix à leur prochain, c'est quand ils brassent quelque mal en leur cœur] ils disent paix, paix où il n'y a point de paix] car les impies ne sont iamais paisibles, ils ignorent les sentiers de la paix.]

4. Que si broüiller les Estats & mettre la diuision par tout est seruir les Roys & les Princes, les Religionnaires peuuent à ce conte-là vanter leurs seruices & leur fidelité.

5. Mais si leurs effects sont aussi opposez à leurs paroles que l'Esté à l'Hyuer, il se faut fier à leurs caresses comme à celles de Ioab, & aux baisers de celuy qui vendit le sang iuste. Ce sont singes qui estouffent en embrassant. (*Le Collecteur des Histoires Anciennes & Modernes liu. 2. chap.* 40.)

L'impie crapule.

Histoire XIX.

EXcuser vne faute par l'yurongnerie, n'est pas tant vne excuse qu'vne accusation, & vn redoublement de crime. Dire des paroles sales, mesdisantes, contumelieuses, calomnieuses, insolentes, impies apres auoir bien bû, & puis s'en prendre à la chaleur du vin, & protester qu'on en eust bien dit d'autres si la bouteille n'eust esté vuide, c'est faire gloire de sa confusion] & bouclier de sa propre honte.

Entre les vices qui sortent comme surgeons de ceste malheureuse souche, de la gourmandise & de la crapule, comme sont l'impudicité, l'impudence, la raillerie, la bouffonnerie, la perte de la raison, il n'y en a point à mon aduis, qui esgale l'impieté, car c'est mettre sa bouche contre le Ciel] à mesme temps qu'on la remplit de vin & de viande.

Aussi est-ce ce que Dieu punit plus seuerement, prenant au pied-leué ceux qui s'attaquent aux veritez les plus inuiolables, car

Historiques. 171

la route des impies perira,] dit le diuin Chantre. C'est ce que vous va descouurir l'euenement qui va suiure.

Quelques enfans sans soucy, & que l'on appelle, communement de la bonne vie, s'estoient enfoncez dans vn cabaret, pour y noyer tous les chagrins dans la delicatesse des vins & de la bonne chere. Apres s'estre remplis de ceste liqueur qui resioüit le cœur de l'homme] le plus melancolique: leur ioye se poussant par'delà les bornes de toute modestie, les porta en des paroles de precipitation contre les fondemens de toute pieté, & qui donnoient iusques dans l'Atheisme; on a beau dire que la vertu les auoit abandonnez, que la lumiere de leurs yeux n'estoit plus auec eux] & qu'il ne falloit pas auoir esgard à ce que disoient des personnes yures, car il ne faut point encliner son cœur en des paroles de malice pour chercher des excuses au peché,] encore des excuses qui redoublent l'offense. D'autant que vouloir couurir des blasphemes & des impietez par l'yuresse, c'est faire comme celuy qui se vouloit purger par serment de n'auoir point commis vn homicide, comme si le parjure eust esté vn plus grand crime que le meurtre.

Tant y a que s'estans mis à degoiser diuerses choses contre la Religion & le culte de

Dieu, comme si tous les mysteres de la Foy eussent esté autant de folies inuentées par les Prestres pour amuser les peuples & en abusant de leur credulité, escumer leurs bourses, & faire curée de leurs biens comme le Sacrifice de Bel descouuert par Daniel, l'vn d'entr'eux se mit à reuoquer en doute l'immortalité des ames humaines. Vn autre se mocqua de ce doute, & faisant le Docteur resolutif, affirma que c'estoit vne folie de croire qu'elles suruescussent la destruction du corps: allegant auec vne prophanation horrible ce mot des sainctes Pages, que la fin des hommes & des bestes est semblable] transferant auec impieté à l'ame ce qui n'est dit que de la demolition des corps.

Et pour pousser son impieté au dernier poinct, & ie suis si asseuré de cela, dit-il, & que quand nous mourons nostre ame & nostre corps sont reduits au neant, si quelqu'vn vouloit maintenant acheter mon ame, lors qu'elle sortira de mon corps, ie la luy vendrois à fort bon compte, & sans faire profit du prix ie la baillerois librement pour nostre escot.

Comme ils estoient sur ces execrables deuis, entre dans le cabaret vn homme de grande taille, & fort deliberé, qui s'estant mis à la mesme table sans grande ceremonie, s'enquit

Historiques. 173

dequoy ils s'entretenoient si ioyeusement, comme il paroissoit à leurs risées qui se faisoient oüir d'assez loin: ils luy repeterent les mesmes detestables impietez auec des esclats de ris qui tesmoignoient l'intemperance de leurs esprits, aussi bien que de leurs langues: & particulierement celuy qui auoit mis son ame à l'encan ne manqua pas d'en republier la vente, comme prouoquant les acheteurs. Ce sera moy, dit le nouueau venu, qui l'acheteray, pourueu que le prix ne soit pas excessif, car ie iuge bien à vostre discours qu'elle ne vaut pas grande chose. Le vendeur luy dit, Voudriez-vous acheter du vent & de la fumée, puis que l'ame qui anime nos corps n'est que cela: Pourquoy non, reprit le marchand, on achete bien des esuentails & des pastilles.

Le vendeur qui ne pensoit ne vendre rien mit son ame à vn prix assez bas, lequel encor il disoit ne vouloir empocher mais le mettre au payement de leur escot, l'acheteur le prit au mot & le luy conte sur le champ. Ils continuent à boire, & comme vn abysme en appelle vn autre, ils se precipitent encore en mille impietez, le vendeur se mocquant de l'acheteur, comme de celuy qui disputoit l'ombre de l'asne.

Apres auoir bien grenoüillé il fallut leuer

le siege, le vendeur conuiant l'acheteur à venir recueillir son ame quand elle sortiroit de son corps, pour emporter la marchandise du payement de laquelle il se tenoit pour content. L'acheteur tesmoignant de n'estre pas satisfait de ce renuoy leur dit, Messieurs, i'ay acheté vn cheual sans faire mention du licol, si celuy de qui ie l'ay acheté me vouloit contester le licol seroit-il receuable en Iustice? Les compagnons eschauffez de vin, croyans qu'il voulust railler, luy dirent tous d'vne voix, & le vendeur mesme, que comme en matiere de bastimens, l'edifice cede au fonds ou solage, de mesme le licol appartient à celuy qui a acheté vn cheual, lequel il ne peut emmener sans cela.

Ce qu'est le licol au cheual le corps l'est à l'ame, dit l'acheteur, c'est pourquoy l'ame de cét homme que ie vient d'acheter estant à moy ie maintiens que son corps m'appartient aussi, c'est pourquoy ie le somme de me suiure, & d'estre mon esclaue. Le vendeur se mocquant de ce discours luy dit, qu'il n'auoit mis que l'ame dans son marché, encore à l'heure de sa mort. L'acheteur le regardant d'vn visage terrible, & auec des yeux estincelans de courroux comme deux flambeaux, luy dit, que l'heure de sa mort estoit plus voisine qu'il ne pensoit, & que s'il ne le suiuoit,

Historiques. 175

il luy apprendroit à marcher plus viste que le pas.

L'autre voyant qu'il auoit affaire à vne terrible iousteur, fut saisi d'vne frayeur si extraordinaire que tout son corps commença à fremir, l'acheteur le prend par le colet & le secouë comme il eust fait vn festu, il demande en vain le secours de ses camarades qui saisis d'espouuante gaignent la porte & se vont cacher qui deçà qui delà. L'acheteur tenant tousiours le vendeur sans le lascher, apres auoir payé tout l'escot, l'emmene malgré luy hors du cabaret comme son debiteur, lequel perdant la voix d'estonnement & de saisissement suiuoit ainsi celuy qui l'emmenoit, & depuis ne fut veu ny rencontré en tout le païs quelque enque: & recherche qu'on en ait faite.

Ce qui fit croire que c'estoit le diable qui en forme d'homme s'estoit rendu acheteur de son ame, qu'il auoit emportée auecque le corps, comme vn cheual que l'on mene auec son licol, terrible attente de iugement, & horrible retrribution de ceux qui gorgez de vin & de viandes, laissent desborder leurs langues dans les impietez.

1. Ceste espouuentable punition est vn frein & vn amorce pour brider les maschoires, & refrener les propos de ceux qui se

laissent emporter aux intemperances du manger, du boire, & du parler.

2. La Gourmandise, qui est vn vice de pourceau, a tant de laideur en soy, qu'il est en horreur à toute personne qui a tant soit peu de soin de sa reputation & de la bien-seance.

3. Celuy de l'yurongnerie peut estre appellé plus que brutal, car nous ne voyons point que les bestes, ie dy celles mesmes qui n'ont point auersion de l'vsage du vin, perdent par là les droites fonctions de leur instinct naturel, comme les hommes qui s'en gorgent demesurément perdent celles de leur raison.

4. Ceste opinion est tres-probable que ce fut vn demon en forme d'homme qui emmena ce mal-heureux dans la terre d'oubliance, où sont les larmes & les grincements de dents pour iamais, où est l'ombre de mort, & vne eternelle horreur sans aucun ordre.]

5. Que la colere de Dieu est comme la foudre dont les coups sont prodigieux : ses iugemens estans de grands abysmes.

6. Ruminons cét Oracle sacré, Ne craignez point ceux qui ne peuuent tuer que le corps, & non pas l'ame ; mais redoutez celuy qui peut enuoyer l'ame & le corps dans l'eternelle gesne] & dans cét enfer horrible où il n'y a oint

a point de redemption. (*Thomas de Chantpré liu. 2. des Abeilles chap. 56. p. 2.*)

La fureur de la ialousie.

HISTOIRE XX.

LA ialousie est vn mal à quoy tout sert d'entretien, fort peu de choses de remede. C'est vn feu qui se prend à toutes sortes de matieres. Tout luy fait ombre. C'est le poinct d'Archimede qui enleue toute la terre de son centre. Il faut que ceste cause soit bien furieuse qui produit de si terribles effects. Ses lampes, dit la Parole sacrée, sont toutes de feu & de flammes. Vous allez voir vne production espouuentable de ceste aueugle passion.

A Basle l'vn des Cantons de la Republique des Suisses, il arriua en l'an 1528. qu'vn des principaux citoyens de la ville appellé Chrystophe Bongaruer fut frappé de cét auertin, & entra en soupçon de la fidelité de sa femme. Elle estoit ieune, & luy âgé, car c'est sa seconde femme qu'il auoit prise en vn âge assez auancé, elle estoit belle & luy en vne saison qui se deffend mal-aisément de la laideur quelque beauté que l'on eust eu en ieunesse, & de plus elle estoit d'vne humeur assez gaillarde & assez libre, pour luy mettre des grillons & des marteaux en la teste.

Il fut attaqué de deffiance de tous costez, tant du dehors que du dedans de sa maison. Il voyoit au dehors plusieurs galands qui la muguetoient, & auquels il luy estoit aduis qu'elle auoit de la correspondance. Mais ce qui le tourmentoit dauantage c'estoit vn demon domestique & folet, qui, à son aduis, rauageoit son honneur dans sa propre maison. Il eut ombrage sur son valet, garçon bien fait & de bonne mine, duquel il s'imagina que sa femme fust coiffee, & qu'il en tirast les dernieres faueurs.

Iugez de la folie de ceste passion par cét eschantillon, remarqué par l'Auteur duquel ie tire ceste histoire, Escriuain serieux, deuot, & Cloistrier du plus reformé de tous les Ordres, c'est Laurens Surius Chartreux historien de fort bonne marque, & de foy fort sincere & sans reproche. Il apperceut quelques-vnes de ses vieilles aiguillettes aux chausses de ce seruiteur, de là il coniectura qu'il estoit adultere & que sa femme luy auoit fait ce beau present. Tant il faut peu de chose à vn ialoux pour le mettre en ceruelle, & tant la fausse lunette de ceste passion sçait aggrandir les objects, faisant paroistre vne mouche aussi grosse qu'vn elephant.

Il se saisit de ce valet & l'enferme dans vne caue: & estant allé à sa femme en luy mettant le poignard à la gorge, la menace de mort si elle ne luy confesse la verité, & luy promet la vie si elle recognoist ingenuëment son crime, & luy en demande pardon, l'asseurant que sa vengeance ne s'estendroit que sur ce valet, comme cause principale de sa cheute. Ceste femme se voyant pressée d'vne crainte qui peut tomber en vn homme constant, & apperceuant la mort presente d'vn costé & la vie de l'autre, confessa ce qui n'estoit point pour euiter la mort & sauuer sa vie, aux despens de son innocence & de celle d'autruy. Elle fit comme ceux qui se noyent, & qui s'attachans à tout ce qu'ils rencontrent, ne marchandent point à mettre vn autre en peril pour en eschaper.

L'historien ne dit point ce qu'il fit de ce valet, mais seulement que pour ceste fois il espargna sa femme, laquelle eschappée d'vn tel danger, se sauua chez ses parens, ne se tenant pas en seureté chez vn homme attaint d'vne passion si furieuse,& qui luy auoit donné de terribles affaires. Toutefois & par le temps & par l'entremise de leurs communs parens & amis, la reconciliation fut faite, & & ceste femme ayant trouué son esprit plus tranquille, consentit à retourner en la maison de son mary, & à se remettre en sa puissance.

Mais ce barbare cachoit vn cœur de loup ou de tygre sous vne peau de mouton, car dissimulant son dessein carnassier, il la receut auec vn visage serein, & par de feintes caresses luy cacha le maltalent qu'il couuoit dans son sein. Il l'admet à son lict, la traite bien durant quelques iours, faisant comme ces bouchers qui engraissent les animaux qu'ils veulent esgorger. Vn iour prenant son temps à propos pour executer sa furieuse entreprise, lors que ceste miserable femme y pensoit le moins, il enuoya dehors à l'esbat, auec vne seruante ses enfans de son premier lict, & n'ayant de ceste seconde qu'vne petite fille âgée d'vn an, il tua ceste pauure femme qui qui estoit enceinte, & puis coupa la gorge à ce petit enfant, apres ceste execution horrible de sang, il se mit à escrire vne longue lettre à la Iustice de la ville, où il declare tout son faict, & les motifs qui l'y ont porté, & puis montant au plus haut de sa maison, apres auoir inuoqué par trois fois le Sainct Nom de IESVS (qui n'est pas le Sauueur des desesperez mais des penitens) il se precipita dans la ruë la teste la premiere, où il expira sur la place.

Quoy que mort on ne laissa pas de luy faire son procez, sa memoire fut flestrie, son corps exposé à l'ignominie, & son nom aussi bien que sa ialousie frenetique fut en execration à tous ceux qui en sceurent le recit, tel qu'on l'aprit de la funeste histoire que luy-mesme en auoit tracée.

De laquelle nous apprenons 1. que l'inegalité des âges dans le mariage est cause de beaucoup de riotes & de soupçons.

2. Que ce n'est pas assez aux femmes d'estre exemptes de mal & d'impudicité, mais qu'elles en doiuent euiter les ombrages, leur honnesteté estant comme la glace d'vn miroir qui se ternit par la moindre halenée.

3. Combien est ridicule la passion de ialousie, & de combien legeres coniectures elle se nourrit, estant vn feu qui se prend aussitost à la paille qu'au plus gros bois.

4. Quelle rage elle allume dans le cœur qu'elle possede, puis qu'elle porte à des fureurs si desesperées.

5. Il ne faut pas s'estonner si cét homme fut si cruel à autruy, qui le fut si estrangement à soy-mesme.

6. Combien est seuere le iugement de

Dieu quand il abandonne le pecheur deseſ-
peré à ſes propres inuentions. (*Laurens Surius*
Chartreux en ſes Chroniques à l'an 1528.)

La pienſe impieté.

HISTOIRE XX.

LA pieté eſt vne vertu ſur-abondante à celle de Iuſtice, par laquelle nous rendons à nos parens, l'honneur, l'obeïſſance, & l'amitié que nous leur deuons. Or comme Dieu eſt le pere des peres, de qui toute paternité deriue tant au ciel qu'en la terre, lors que les parens s'oppoſent à celle que nous luy deuons, c'eſt vne excellente eſpece de pieté que d'eſtre impie enuers la chair & le ſang pour eſtre pieux enuers Dieu, dit ſainct Hieroſme.

Ceſte verité paroiſtra en ſon luſtre dans le faict de Pior ancien Anacorette qui viuoit du temps du grand ſainct Antoine, de qui il fut vn des plus ſignalez Diſciples. Apres auoir demeuré quelques années auprés ce Pere des deſerts, il obtint congé de luy de ſe retirer plus à l'eſcart dans la ſolitude, la preſse des hommes qui venoient trouuer sainct Antoine ne luy plaisant pas, il alla donc en Nitrée, & auprés de la solitude de Scothe il se bastit vne Cellule en vn lieu fort incommode, aride, & fort battu des rayons du Soleil. Il y creusa vn puits dont l'eau estoit si mauuaise que ceux qui l'alloient visiter n'en pouuoient gouster, & estoient contraints d'en porter auec eux dont ils peussent boire. Et lors qu'on le vouloit persuader de changer de demeure à raison de ceste meschante eau, il respondoit que les amertumes de ceste vie estoient des douceurs pour l'autre, & que son amertume tres amere estoit en paix, ou plustost que sa paix estoit dãs l'amertume.

Il auoit tellement mis en oubly & son païs & toute sa parenté, que quelques nouuelles qu'on luy apportast de la maladie ou de la mort des siens il n'en estoit non plus touché que de celles des estrangers, disant que comme le Moine estoit mort au monde, le monde aussi luy estoit mort, & qu'il falloit qu'il laissast les morts enseuelir les morts.]

Il auoit vne sœur dans le siecle, laquelle estant deuenuë vefue & fort infirme, desiroit extrémement de le voir auant que de mourir, la renommée de la Saincteté de Pior estant venuë iusques à ses oreilles, quoy que sa vie fust cachée en IESVS-CHRIST, en

Dieu,] qu'il fust dans les extremitez du desert parmy les morts au siecle.] ne pouuant s'y transporter pour le voir, elle estima que s'il sçauoit & son desir & le besoin qu'elle auoit de ses consolations, sa charité fraternelle obtiendroit de luy de la venir visiter, pour la bien disposer à franchir le passage de ceste vie, auquel les plus Saincts se trouuent bien empeschez. Parmy ses enfans elle auoit deux garçons fort deliberez qui entreprindrent de l'aller chercher parmy les deserts pour luy declarer cét ardant desir de leur mere.

Apres beaucoup de recherches parmy les Hermitages & les Monasteres de Nitrée & de Scothe, en fin ils en apprindrent des nouuelles, & l'ayant trouué luy declarerent quels ils estoient, & de la part de qui ils estoient enuoyez. Pior qui auoit plus de desir de les arrester dans la solitude que de retourner auec eux dans le siecle, fit tout son possible pour leur persuader d'embrasser l'Anacorisme, & de mettre en oubly leur païs & leur maison maternelle, mais le temps de la visitation de ces ieunes gens pour ce n'estant pas encor arriué, comme ils n'acquiescerent pas à ses persuasions pour demeurer au desert, aussi ne se rendit-il pas à leurs prieres pour aller auec eux vers leur mere, à laquelle il mandoit que si elle estoit malade, son frere Pior estoit mort, & qu'il ne falloit pas que les viuans troublassent le repos des trespassez.

Voyant qu'ils ne pouuoient rien obtenir de luy, ils eurent recours à S. Antoine, afin qu'il commandast à Pior de faire ceste visite de sa sœur qui estoit leur mere. Ce qu'ils obtindrent aussi facilement de ce grand Pere des Anacorettes, qu'ils auoient esté rudement esconduits par leur oncle. Sainct Antoine mande à Pior de le venir trouuer, ce qu'il fit tout soudain, tant il estoit prompt à l'obeïssance, & il luy commanda de suiure ses neueux, d'aller trouuer sa sœur & de se laisser voir à elle, la profession qu'il faisoit ne le dispensant pas de rendre à ses proches les deuoirs d'humanité quand ils en auoient vn veritable besoin.

Pior s'y achemine sans aucune replique: & estant arriué deuant la porte de la maison de sa sœur, il ne voulut pas entrer dedans, disant qu'il n'auoit point commandement de cela, mais seulement d'aller au lieu où estoit sa sœur, & se laisser voir à elle. Aussi tost qu'elle fut auertie que son frere estoit si proche elle quitte le lieu & s'en vient pour le voir, & se ietta à ses pieds pour receuoir sa benediction. A qui Pior en fermant les yeux pour ne la voir point, dit, Voylà ton frere Pior qui est venu icy par obeissance, regarde-le tant que tu voudras. Et sans vouloir luy dire autre chose ny respondre à ce qu'elle luy disoit, il s'en retourna de ce pas en son desert, disant qu'il auoit accomply à la lettre & ponctuellement le commandement qui luy auoit esté fait non pas de parler, mais seulement de se laisser voir à elle.

Ceste saincte rigueur nous monstre combien les anciens Anacorettes estoient differens des Cœnobites de nos iours, qui ne passent la pluspart de leur vie en autre exercice que de voir & d'estre veus.

2. Qui n'ont rien plus en horreur, non seulement que les bois & les deserts, mais que leurs Cloistres & leurs Cellules, quoy que sainct Hierosme die qu'vn Moine hors de son Cloistre & de sa solitude soit vn poisson hors de l'eau.

3. Que si les Moines receuoient aussi peu d'amitié & d'assistance de leurs parens qu'ils leur en rendent, ils feroient beaucoup de ieusnes qui ne sont pas commandez en leurs regles.

4. Que ce leur est vn grand crime d'aider leurs parens pauures & necessiteux des biens de leurs Communautez, que ceux qui le commettent en sont seuerement punis,

comme de peculat : Mais que pour prendre & receuoir & de leurs parens & de leurs amis & de tous les seculiers, ils ont plus de mains que les Poëtes n'en donnent à Briarée, sans regarder de qui ny de quelle façon ils prennent ou reçoiuent.

5. Qu'ils ne se contentent pas de demeurer aux portes des maisons, les yeux fermez & sans y entrer, mais ils les percent, & n'y a secret de famille & de facultez qu'ils ne penetrent.

6. Bref quiconque voudra former de parfaites antitheses n'a qu'à conferer l'ancien Anacorisme & Cœnobisme, auec la Conuentualité de nos iours. (*Le Collecteur du grand Miroir des Exemples, Titre, Affectus. Exemple 2. tiré du Liure intitulé, Les vies & sentences des Peres.*)

La saine Sobrieté.

Histoire XXII.

SI toute medaille a son reuers, & si la regle des contraires est certaine, le Prouerbe qui dit que la Gourmandise en tuë plus que le glaiue, nous fera voir que la Sobrieté est mere de la santé & de la longue vie. Mais en quoy consiste ceste Sobrieté, sinon à manger peu & de peu de viandes. Le peu regarde la quantité, & de peu, la qualité ou varieté. Car comme la quantité & trop grande repletion suffoque la chaleur naturelle incapable de cuire & de digerer trop de matiere, tout ainsi que les lampes s'esteignent quand on y met trop d'huile, & les plantes quand on les arrose par excés; ainsi la faculté digestiue est accablée quand on la surcharge immoderément, & rien d'autre part n'engendre tant de cruditez & d'indigestions que la grande multiplicité des mets dont les qualitez souuent opposées font des combats dans vn mesme estomac, comme Esaü & Iacob dans le ventre d'vne mesme mere.

Qui pourroit viure à la mesure d'vn poids moderé, & tousiours d'vne viande, au moins à chaque repas, auroit trouué le secret de la vraye sobrieté, & en suite de la sobrieté, l'excez des viandes & en la quantité, & en la qualité & en la multiplicité estant le seminaire de toutes les maladies. Il y en a plusieurs qui sont assez moderez au regard de la quantité, soit qu'ils ayent l'estomac petit, la complexion foible, la chaleur moderée, & l'appetit peu auide, mais d'autre part il leur faut tant de saupicquets, tant de mets differens, pinçans vn plat, raclans l'autre, goustans vn peu de tous qu'ils ne semblent nez que pour se farcir le ventre & en faire ce que l'on appelle vn pot-pourry, d'où s'engendrent en eux tant de putrefactions & de corruptions d'humeurs.

On appelle communement gourmands ceux qui en leur manger pechent en l'excez de la quantité, & friands ceux qui excedent en la qualité, cherchans la delicatesse & la varieté des morceaux qui flattent le goust plustost qu'ils ne repaissent le corps d'vn bon suc.

Vn hôme qui passoit les bornes de la moderation tantost en l'vne tantost en l'autre espece, & qui en consequence de ce desreglement estoit tousiousirs dans quelque lan-

gueur ou infirmité, n'eſtant pas pluſtoſt eſ-
chappé d'vne qu'il retomboit dans vne autre, n'ayant iamais de ſanté conſtante & ar-
reſtée, s'eſtant, contre toute apparence de
ſageſſe humaine, ietté dans vn Cloiſtre fort
auſtere, duquel on ne penſoit pas qu'il deuſt
iamais ſupporter la rigueur, en fin par vne eſpece de petit miracle, il y trouua vne ſanté
non ſeulement ſi ferme, mais ſi vigoureuſe &
actiue, que les plus grandes rigueurs de l'ob-
ſeruance luy ſembloient des roſes, n'y en
ayant point de plus ponctuel aux mortifications & macerations du corps en toute la
Communauté.

L'Eueſque de Beauuais (car c'eſtoit en ſa
ville que cét homme s'eſtoit rendu Conuentuel) qui l'auoit cogneu dans le ſiecle, d'vne
complexion mince & preſque touſiours va-
letudinaire, s'eſtant allé promener dans les
iardins du Monaſtere, l'y rencontra qui s'y
exerçoit au trauail manuel, & l'ayant inter-
rogé de quelle ſorte il eſtoit deuenu de mala-
dif qu'il eſtoit ſi ſain, & de ſi debile ſi robuſte,
luy eſtant meſme aduis que ſon viſage en pa-
roiſſoit plus beau, & ſon tein plus vif & plus
eſclatant, le frere luy reſpondit, C'eſt parce
que ie vis vniformement & decemment, au
lieu que dans le ſiecle ie viuois, auec multi-
formité & defformité, du premier naiſſoient

mes infirmitez ordinaires, de l'autre ma difformité.

L'Euesque luy demanda ce qu'il auoit mangé ce iour-là, le frere respondit, Assez, quoy le iour precedent? il repliqua de mesme, Assez: Ie ne vous demande pas, repartit l'Euesque, combien vous auez mangé, sçachant bien que l'on vous donne vne portion suffisante, mais quoy? c'est à dire la qualité des viandes de vostre pitance, le frere respondit, Des choux: Et hier qu'eustes-vous? l'autre repliqua, Des pois: Et auant-hier? Des choux & des pois: Et demain qu'aurez-vous? l'autre dit, Des pois & des choux, luy voulant faire entendre que la quantité moderée, & l'identité des viandes estoient les deux bras de la vraye sobrieté, conseruation de la santé, & la santé de la longue vie.

Ce qui nous fait voir 1. la verité de ce beau mot du grand Stoïque, que ce qui suffit est tousiours prest, & que l'on ne trauaille que pour les choses superfluës.

2. Que les viandes delicates rendent les corps mols, lasches, & foibles, & les grossieres les font plus vigoureux. Ce que l'experience fait voir aux païsans qui ont les corps plus robustes se nourrissans de substances plus grossieres.

3. Que Dieu ayant fait toutes choses en

nombre, poids, & mesure elles se conseruent par les mesmes principes de leur generation, le desordre & desreglement estant la ruine des corps mixtes.

4. Que la santé des animaux, beaucoup plus constante que celle des hommes, prouient de leur moderation au boire & au manger, & de ce qu'ils se repaissent tousiours de mesmes viandes.

5. En fin souuenons-nous de ceste diuine sentence, Que la viande est faite pour le ventre, & le ventre pour la viande, mais que Dieu destruira l'vn & l'autre; & que l'ame est plus que la nourriture, comme le corps plus que le vestement. (*Vincent de Beauuais en son Miroir Historial, liu. 29. chap.*

La cruelle abstinence.

Histoire XXIII.

LEs hyppocrites sont blasmez en l'Euangile qui ieusnent pour espargner, & espargnent pour auoir dequoy plaider & chicaner leur prochain,] leur bouche est abstinente de viande, mais leurs mains sont pleines de sang.] Ils deuorent ainsi le pauure à cachette] & le mangent comme vn morceau de pain :] c'est à dire sans pitié, car encor quand on mange de la chair ou du poisson a-t'on quelque sorte de compassion de l'animal qu'il a fallu tuer pour se repaistre, si l'on n'a perdu tout sentiment d'humanité.

Le cruel Herode qui ne faisoit point de conscience de massacrer tant d'innocens, en eust fait, comme Iuif, de tuer vn pourceau pour se nourrir de la chair, ce qui fit dire ce mot subtil à vn Ancien, qu'il eust mieux valu estre le pourceau d'Herodes que son fils.

En vn Monastere de Conuentuels richement rentez, & qui faisoient profession d'abstinence fort estroite, c'est à dire de ne manger point de chair, il y auoit vn des Cloiſtriers qui auoit l'office de Procureur & de Negociateur des biens & reuenus de la maiſon, & qui eſtoit extrémement exact, & rude à ceux qui y eſtoient redeuables, comme aux fermiers & rentiers.

Dés qu'il auoit demandé vne fois ce qui eſtoit deub au Monaſtere, ſi on ne ſatisfaiſoit promptement il enuoyoit auſſi toſt le ſergent qui auec mandement de Iuge faiſoit des aſſignations, des exploits, des ſaiſies, imitant ces mauuais couureurs qui caſſent plus de tuiles qu'ils n'en mettent ſur les toicts. C'eſtoit vn ſanglier farouche qui demoliſſoit toute la vigne, ie veux dire tout le meſnage des pauures gens, mettant leurs meubles ſur le carreau, les vendant, les trainant priſonniers, & faiſant des rançonnemens & des extorſions eſtranges.

Cependant ce Negotiateur le ſupportoit en toutes ſes violences, & ſous le manteau de la Iuſtice ſe faiſoient des iniuſtices ſans nombre, qui rendoient, non ſeulement & ſeuere & inexorable exacteur odieux, (car il euſt fait grand ſcrupule de remettre vn denier de tous les deſpens, dommages & intereſts qui luy eſtoient adjugez, n'ayant aucune commiſeration des pauures, des vefues, ny des ophelins) mais encore tout le Monastere, de sorte que par toute la contrée les Conuentuels en estoient en parabole, & couroient par toutes les langues en tres-mauuaise odeur.

Vn iour qu'il eust fait assigner en Iustice vne pauure vefue chargée de plusieurs petits enfans, pour quelques cens & rentes dont les terres de ses orphelins estoient chargées enuers le Conuent, elle se presenta deuant le Iuge auec ses petits enfans autour d'elle, & Dieu l'inspira de dire à ce cruel Procureur, Monsieur, vous faites profession de ne manger point de chair cuite & morte, en voicy de viue & de cruë que ie vous apporte de laquelle vous vous repaissez tous les iours, coupant la gorge à ces pauures innocens, ie les presente afin que vous en mangiez tout vostre saoul. Cela anima tellement & le Iuge & tous ceux qui estoient presens à l'auditoire, que si ce cruel abstinent ne se fust promptement euadé il couroit fortune d'estre chapitré par tout le venerable Chapitre de l'abstinence.

1. Le meilleur ieusne c'est de s'abstenir de mal faire au prochain. Il n'y a rien de plus abstinent que les demons, rien de plus impitoyable.

3. Sainct Paul reprend aigrement ceux qui auec leurs longues oraisons, mangent les

maisons des vefues.] Ce qu'il dit de l'oraison se peut encor estendre au ieusne.

4. Bien-heureux les misericordieux car ils obtiendront misericorde,] au contraire iugement sans misericorde sera fait à l'immisericordieux.]

5. Ceux qui sont deputez par les Communautez rentées au maniement des affaires temporelles doiuent prendre garde à traiter doucement les debiteurs, autrement ils attirent sur le Conuent, voire sur tout l'Ordre, vne haine publique, qui est vne chose non moins redoutable que le desbordement d'vn torrent, ou le rauage d'vne incendie.

6. Bien-heureux celuy qui a esgard aux miseres du pauure, car le Seigneur le deliurera au mauuais iour. (*Ioannes Ægydius iusuit in libro qui inscribitur Scala Cœli.*)

La valeureuse courtoisie.

HISTOIRE XXIV.

COmme Mars & Venus font d'assez bonne intelligence chez les Poëtes, aussi la valeur & la courtoisie sont de bon accord dans les gentils courages. Cela se remarque mesme dans les duels, bien que ce soit vne aueugle & brutale fureur qui y porte ceux qui s'y precipitent, si est-ce que celuy à qui le sort des armes (lequel est incertain) donne quelque auantage, flestriroit toute la gloire de son combat, & la changeroit en vne perpetuelle ignominie, s'il ne donnoit la vie à celuy qui la luy demande & qui luy rend les armes.

I'ay veu de mon temps vn Caualier de la Cour, estimé fort vaillant, mesme par le grand Henry, qui luy commit à ceste consideration vne des importantes places de son Royaume, & qui en estoit comme vne clef, lequel pourtant estoit detesté comme vn monstre de cruauté, & en horreur comme vn desesperé, d'autant que se battant en duel, c'estoit tousiours sous ceste loy qu'il falloit que l'vn ou l'autre y demeurast sur la place, priant qu'on l'acheuast s'il estoit terrassé, sinon protestant d'appeller de nouueau, & de sa part il protestoit de ne pardonner point, & de ne donner iamais la vie.

Et de fait on disoit qu'en quelques duels qu'il auoit faits, où il estoit demeuré victorieux, il auoit quelquefois donné des coups apres la mort de ceux qu'il auoit tuez, ne partant point du champ qu'ils ne fussent entierement expirez, repaissant ses yeux & son courage sanguinaire de cet hideux spectacle, plein de barbarie & d'inhumanité, aussi fut-il tué de mesme à la fin & sans aucune misericorde, comme vn crible pour donner plus de passages à son ame impitoyable & cruelle.

Le genereux Seigneur dont nous allons parler, quoy que des plus vaillans de son âge, estoit bien esloigné d'vne humeur si brutale, puis qu'ayant son riual & ennemy en sa puissance par l'euenement des armes, il le traicta aussi fauorablement qu'il eust pû faire au plus grand amy qu'il eust eu au monde.

Durant les guerres que François I. laissa comme hereditaires à Henry II. son fils & successeur, contre l'Empereur Charles V & qui ne furent terminées que sous Philippe II. successeur de Charles par la bataille de sainct

Quentin. Il y eut bien du demeslé sur les frontieres de la Picardie & de la Flandre touchant ce mitoyen que l'on appelle reconquis, & qui fut depuis partagé entre les Roys Henry II. & Philippe II. La ville de Teroüenne estant ruinée, à cause que l'on n'auoit pû conuenir à qui, des deux Couronnes elle deuoit demeurer.

Monsieur de Vendosme Prince du sang, estoit lors Gouuerneur de Picardie, & auoit à soustenir le plus rude choc des ennemis auec lesquels sur ceste frontiere on estoit tous les iours aux mains par diuerses rencontres & escarmouches.

Durant les treues de quelques années, vn Gentil-homme de qualité nommé M. de Fouquerolles qui auoit ses terres dans le païs qui estoit en contestation entre les deux Roys, chacun y gardant ce qu'il tenoit iusques à ce qu'vn accommodement ou vne paix eust fait droit sur les pretensions des parties, ceux du voisinage & des deux partis se frequentoient indifferemment, comme personnes qui attendoient vn accord desiré, d'où la tréue estoit comme l'auantcourriere.

Monsieur de Fouquerolles auoit vne fille nubile, belle, riche, & vertueuse, qui sont trois qualitez de rare rencontre en vn mesme sujet, & à raison de cela

N iiij

——————— *multorum spes inuidiosa procorum.*

Ou vn tel corps, à beaucoup d'aigles]ou vn si grand concours de conditions desirables à ceux qui aspirent au mariage, là vn grand concours de pretendans, parmy ceux qui desirerent ce party les deux plus remarquables furent M. d'Estrée encore ieune &:Guidon de la Compagnie de M. de Vendosme Prince du sang, comme nous auons dit, & Gouuerneur de la Prouince de Picardie : & M. de Licques Lieutenant de la Compagnie du Duc d'Arscot, qui estoit Imperialiste.

La treue leur donnant la liberté de s'entreuoir, & leur commune recherche estant chez M. de Fouquerolles, où ils estoient receus auec tout l'honneur & toute la ciuilité que l'on peut desirer d'vn Gentil-homme de haute condition : quoy que leur dessein fust chatoüilleux & fort sujet aux querelles : neantmoins parce que M. de Fouquerolles auoit fait entendre qu'il deffendroit à l'vn & à l'autre l'entrée de sa maison, s'il s'apperceuoit que la ialousie les picquast, & alterast leur conuersation, ne voulant pas que sa fille fust vne pierre de scandale & d'achopement, & vn funeste flambeau qui les portast au peril de leurs vies, ils se comporterent auec tant de ciuilité, de courtoisie & d'honnesteté, qu'encore que riuaux & de partis contraires, ils se preuenoient tellement en honneur, qu'en effect plus qu'en apparence ils estoient veritablement amis, chacun faisant beaucoup d'estime du merite & de la vertu de son competiteur.

Rare exemple de gentillesse & de moderation en de si braues & genereux courages, qui dans les occasions de la guerre auoient donné tant de preuues de leur addresse & de leur valeur, qu'ils estoient tenus pour deux des plus accomplis Caualiers de leurs partis. Et de fait M. d'Estrée continua auec tant de succés les beaux commencemens dont il donnoit les preuues, qu'estant plus auancé en âge, il fut fait en consideration de ses seruices, de son iugement & de son experience grand Maistre de l'artillerie de France, qui est vne charge de l'importance que chacun sçait.

La tréue estant rompuë, & la maison de M. de Fouquerolles se trouuant plus engagé dans les terres des Imperialistes que dans celles de France; M. de Licques qui estoit de ce party y eut plus d'accés, & pour ce sujet il eut plus de moyen d'auancer les affaires de son mariage, dont les accords estans faits, il fut choisi pour gendre par M. de Fouquerolles de qui la volonté estoit le maistre ressort de celle de sa fille.

Le mesme iour des nopces qui furent faites à sainct Omer auec beaucoup de magnificence, l'assemblée de la Noblesse s'exerçant l'apresdinée à courre la bague, on vint aduertir que les François paroissoient auprés de la ville, & y rauageoient quelque village voisin, cela s'appelle prouoquer des escarmouches & faire la petite guerre.

Cela conuia toute ceste Noblesse qui estoit à cheual, de quitter l'exercice de la bague, pour aller donner des coups d'espée contre l'ennemy, chacun se promettant de faire des meruielles, & mesmes le marié de rapporter à sa maistresse quelque tesmoignage de sa valeur. Mais comme ils estoient plustost parez pour des nopces qu'armez pour bien combattre, le succés ne respondit pas à leur vanité, au contraire, outre que quelques-vns demeurerent sur le champ & d'autres tuez, plusieurs tomberent dans vne embuscade où force leur fut de se rendre prisonniers, parmy lesquels fut M. de Licques qui vint par ce moyen entre les mains de M. d'Estrée, lequel ayant sceu les nopces de sa maistresse auoit fait ceste epuipée pour les prouoquer à vne sortie, & les faire donner dans les filets qu'il leur auoit tendus.

Voylà des nopces bien funestes, & les ris & les danses, & la bonne chere changée en tristeffe, en plaintes, en douleurs, & M. de Licques bien frustré de son attente. Si la colere eust eu l'ascendant sur le courage de M. d'Estrée, il luy eust esté bien facile de se deffaire de son riual, mais tant s'en faut qu'il insultast seulement de paroles à son desastre, qu'au contraire il le traita auec autant d'honneur & de bonne chere que si c'eust esté son meilleur amy, ne se resiouyssant de sa prise que pour auoir occasion de tesmoigner à leur commune maistresse la sincerité de son affection, & la haute estime que sa vertu & sa beauté auoient acquise en son esprit.

M. de Licques estant prisonnier de guerre parla de sa rançon, qu'il pouuoit payer promptement & auec beaucoup de facilité, mais M. d'Estrée qui estimoit plus la moindre faueur de Madamoiselle de Fouquerolles qu'vne bien grande somme & qui ne faisoit pas la guerre en marchand mais en homme de cœur, & en vray Gentil homme, fit entendre qu'à la moindre ligne d'vne si belle main & d'vne personne si honnestement aimée, M. de Licques luy seroit renuoyé sain & sauue. Dequoy la nouuelle mariée estant aduertie par le commandement de son pere, & la permission de son espoux, elle escriuit vne lettre pleine d'honneur & de ciuilité à M.

d'Estrée, qu'il estima plus que la rançon d'vn Roy, & s'il n'eust apprehendé en vn temps si ombrageux d'estre soupçonné d'intelligence auec les ennemis de sa patrie, il protesta qu'il eust luy-mesme reconduit M. de Licques pour le remettre entre les mains de celle qui ayant esté le commun object de leurs affections, estoit deuenuë la femme legitime de celuy qu'il vouloit toufiours honorer comme vn Caualier plein de courage & de vertu.

M. de Licques ne manqua pas de son costé à tesmoigner l'extréme obligation qu'il auoit à l'incomparable courtoisie de M. d'Estrée, par la recognoissance de laquelle il estimeroit peu la perte de sa vie. Il voulut estre luy-mesme le porteur de la lettre que fit M. d'Estrée pour responce à celle de Madamoiselle de Fouquerolles qui alloit estre Madame de Licques, laquelle, comme il est aisé à conjecturer, estoit pleine de toutes les ciuilitez & honnestetez que l'on pouuoit attendre d'vn cœur genereux, qui faisant plier l'amour sous l'honneur, gaignoit vne bataille sur soy-mesme plus glorieuse que les triomphes des villes & des armées vaincuës.

Cecy nous apprend, que comme proche des Isles Chelidoines il se trouue des veines d'eau douce au milieu de la mer qui est toute amere : Ainsi parmy les duretez & les fureurs des exercices de la guerre, il se rencontre quelquefois des traicts de courtoisie & de ciuilité si extraordinaires, qu'ils ne rauissent pas moins les esprits en admiration que ceux de valeur.

2. Que la Noblesse Françoise a tousiours fait estat de defferer beaucoup aux prieres des Dames d'honneur & de vertu : n'y ayant rien de plus blasmable entre les grands courages que la discourtoisie enuers ce sexe qui a toute sa puissance dans ses attraits, mais comme il n'y a rien de si fort que leur douceur, aussi n'y a-t'il rien de si doux que ceste force.

3. Que le combat de l'amour & de l'honnesteté est des plus rudes que l'esprit Chrestien puisse souffrir, où le danger est plus grand, dit sainct Hierosme, & la victoire la plus rare.

4. Qu'il falloit faire vn grand effort sur soy-mesme pour ceder vne amante, non seulement à son riual, mais à son ennemy, & ennemy prisonnier. Cela n'est, gueres moins que s'arracher le cœur de la poictrine : le cœur estant plus où il aime, que dans le corps qu'il anime.

5. Mais que ne peut l'aiguillon de l'honneur dans vn braue courage. Il fait mespriser la vie, ie le sçay, mais l'amour est plus fort que la mort.

6. Il fait que ces amour fust bien pur, bien honorable, bien des-interessé pour produire vn si noble effect: A dire le vray, voylà l'exemple de la plus haute, & plus illustre courtoisie qui puisse estre imaginée. (*Michel de Montagne en ses Essais. Et le Collecteur des Histoires Anciennes & Modernes appariées, liu. 2. chap. 42.*)

L'innocente adultere.

Histoire XXV.

C'Est vne chose perilleuse, dit vn docte ancien, parmy tant d'humaines erreurs, de n'auoir autre appuy que de l'innocence.

O cæcas hominum mentes, ô pectora cæca!
Qualibus in tenebris vitæ, quantisque periclis,
Degitur hoc æui quodcunque est.

On demandoit à vn Philosophe pourquoy l'or en sa couleur estoit plus pasle que le cuiure; Parce, respondit-il, qu'il a plus d'ennemis qui le guettent. On pourroit dire le mesme de la beauté, elle est consideree de tant d'yeux impurs, & l'allumette de tant de mauuaises conuoitises, qu'elle doit estre tousiours pasle & tremblante si elle considere les dangers dont elle est enuironnée, & les embusches qu'on luy dresse de tous costez. C'est vn tresor dans vn vaisseau fragile, l'obiect des mains pillardes de beaucoup de larrons.

Les beautez des Villageoises ne sont pas pour l'ordinaire si attrayantes ny si considerables que celles des Citadins, mais elles sont bien pour le moins aussi chastes & pudiques, & la simplicité rustique est vn bouclier moins penetrable aux traicts enflammez du malin, que tant de ciuiles subtilitez qui rendent les habitants des villes plus rusez, mais non pas moins faciles à surprendre.

L'Histoire que i'ay maintenant à raconter est vn peu delicate & chatoüilleuse, mais quand ie considere qu'elle est tracée par vn des plus scrupuleux & seueres esprits de son temps Saint Pierre Damian de Moyne austere fait Euesque & Cardinal, & qui laissa Episcopat & Cardinalat pour se refaire Moine, ie croy que ie ne puis me fouruoyer de la bienseance, non plus que de la verité, en ne faisant que refouler son train.

Il dit donc qu'en vne Bourgade de la Duché de Parme vn Villageois auoit vne femme assez belle mais fort chaste; laquelle fut iniustement conuoitée par vn de ses voisins, lequel ayant perdu tous les artifices dont il s'estoit pû aduiser pour entamer l'honnesteté de ce chaste roc, & n'osant venir à la force, d'autant qu'il n'eut pû trouuer ny ayde ny complice d'vne telle meschanceté, enfin il s'auisa d'vne malice noire, que l'esprit de tenebres luy suggera pour surprendre la simplicité de cette innocente, duquel il auoit esté renuoyé tant de fois
pour

pour fins de non receuoir.

Le mary de cette chaste Villageoise auoit de couſtume aux Dimanches & Feſtes demener deuant le iour ſes bœufs en vn paſturage clos, où les ayant enfermez, il retournoit en ſa maiſon prendre ſon repos iuſques au iour, tels iours eſtans deſtinez apres le ſeruice de Dieu à deſlaſſer ceux qui ſont fatiguez du trauail des autres iours de la ſemaine.

Le malicieux voiſin ayant donné ordre que quelqu'vn amuſaſt ce mary de quelque feinte affaire, ſans deſcouurir à perſonne ſon malheureux deſſein, eſpia vn ſemblable iour ſa ſortie, & ſçachant toutes les addreſſes de la maiſon, s'alla mettre en ſa place aupres de ſa femme encore endormie, de laquelle, comme s'il euſt eſté ſon mary, il obtint tout ce qu'il auoit ſi ardamment deſiré, & ſi inutilement pourſuiuy. Le deteſtable crime eſtant commis, il ſe retira à petit bruit, & ſi à propos qu'il ne fut ny apperceu du mary, ny meſme ſoupçonné de la femme.

A laquelle le mary ſans y penſer, ayant dit durant le iour qu'il n'eſtoit point reuenu, de la conduite de ſes bœufs au paſturage, à raiſon de l'affaire en laquelle on l'auoit occupé, cette femme fort ſurpriſe, & penſant à ce qui s'eſtoit paſſé, commence à ſe douter de la fourbe, & au lieu de cacher sa honte sous le voile du silence, elle commence à s'arracher ses cheueux, se battre la poitrine, se jetter contre terre, se debattre, crier, pleurer, hurler, comme si elle eust esté possedée de quelque malin esprit.

Le mary bien estonné de ce desespoir la pensant consoler, y perd son temps, ayant assez de peine d'empescher de se tuer, & de mettre sur elle-mesme ses mains violentes. Elle se dit femme perduë, qu'elle ne veut plus viure, que la lumiere du Soleil luy est odieuse, elle prie son mary de la tuer; voyla le plus grand vacarme du monde. Il fut question de sçauoir la cause qui produisoit tant de tragiques effects, laquelle ayant esté recitée par cette innocente creature, ainsi que la coniecture leur rendoit probable, le mary qui cognoissoit sa loyauté, & à qui elle n'auoit pas celé les sollicitations de cet importun voisin, ayma mieux rejetter cela sur quelque songe ou illusion, que se persuader vne verité qui luy estoit si odieuse.

Ils consulterent là-dessus leur Pasteur, lequel à leur instance, ayant enquis le coulpable, il nia effrontement le faict, aussi à dire le vray, estoit ce vn cas vilain & reniable, & où il n'y alloit de rien moins que de sa vie, de sorte que le Pasteur ne pût coniecturer au-

Historiques.

tre chose sinon que ce fust quelque illusion de Sathan, ou tout au pis quelque Demon incognu qui eust seduit cette pauure femme.

Laquelle ne pouuant se satisfaire de ceste pensée, estoit dans vne perpetuelle tentation de desespoir, qui la faisoit conjurer contre sa vie: ce n'estoient que soûpirs, gemissemens, larmes, imprecations, & prieres ardantes au Ciel; qu'il mist en euidence vne verité si embarrassée.

D'autre part le criminel sçachant qu'il n'auoit autre tesmoin de sa meschanseté que sa conscience, qui en vaut mille, faisoit mille sermens execrables pour se purger, faisant comme le tonneau de moust qui se salit de sa propre escume. Apres s'estre mille & mille fois donné à tous les Demons s'il auoit commis la faute dont on l'accusoit; de laquelle (ô l'homme de bien) il protestoit de demander reparation d'honneur en Iustice, il pria Dieu en la presence de son Curé qu'il fust possedé par le Diable, & que le Diable qui le possederoit, le fist mourir deuant tout le peuple s'il n'estoit innocent du crime qu'on luy imposoit.

A la fin à force de tenter Dieu, il en fut pris au mot, & comme à force de nier vne chose on l'affirme.

Qui nimium multis odio dicit amat.

O ij

Aussi pour vouloir trop paroistre innocent, l'euenement de son imprecation le fit cognoistre coulpable. Car il fut tellement obsedé & enfin possedé d'vn esprit malin, qu'il n'auoit aucun repos ny iour ny nuict, & ne pouuoit prendre aucune nourriture qu'il ne la reuomit aussi-tost. Ce qui l'abbatit de telle sorte que si le Demon qui le tourmentoit ne l'eust agité, il n'eust pû de luy-mesme se remuer.

Ayant donc declaré tout haut à la face du Pasteur & de ses Parroissiens, la malice dont il s'estoit seruy pour tromper ceste pauure femme, tant s'en faut qu'il s'en repentist, qu'au contraire il en faisoit trophée, comme s'il eust voulu tirer gloire de sa confusion. Ce qui le rendit si odieux, que la Iustice le fit ietter en vn fonds de cachot, resolue d'en faire vne punition publique, & exemplaire, si Dieu mesme abandonnant son impenitence au Demon qui le possedoit, ne l'eust laissé dans le sens reprouué, auquel il expira, dans des tourmens horribles qui anticipent ceux d'Enfer, se demenant & debattant comme vn enragé, donnant de sa teste contre les murailles, hurlant comme vn loup, rugissant comme vn lyon, & deschirant ses propres entrailles, rendant ainsi l'ame entre les mains de ce maudit Esprit, qui le possedoit à iuste titre, puisqu'il s'estoit donné & abandonné à luy si miserablement. Sainct Pierre Damian dit qu'il auoit veu de ses propres yeux les murailles encore teintes du sang de ce frenetique & desesperé, qui n'auoit laissé apres soy que la puante odeur de son crime, & vn exemple de crainte qui remplissoit de frayeur des iustes iugemens de Dieu ceux qui entendoient le recit de son desastre.

Duquel nous tirons 1. quel grand mal c'est que de seduire des femmes & des filles par fraudes & tromperies. Dont il y en a encore de si temeraires non seulement de s'en rire, mais de s'en vanter.

Egregiam vero laudem, & spolia ampla refertis,
Tuq; puerq; tuus, magnum & memorabile nomen
Fœmineâ in pœnâ est & habet victoria laudem,
Vna dolo Diuûm si fœmina victa duorum est.

2. Qu'il n'y a point de femme si chaste qui ne doiue trembler, considerant à combien de perils son honnesteté est exposée. Bien-heureuse celle qui est tousiours en crainte] & qui se fait vne forteresse de la desfiance & de la peur.]

3. Qu'il faut tousiours auoir vne vigilance de Dragon, sur les pommes d'or du jardin des Hesperides, c'est à dire, sur la conseruation de l'honnesteté, sçachant que c'est

O iij

vn vaisseau de terre & de verre, lequel *tunc cùm splendet frangitur.*

4. Combien Dieu hait le peché d'adultere, puisqu'il le punit si seuerement. Et combien Sainct Paul animé de l'esprit de Dieu, eut de raison, d'abandonner à l'esprit malin, le corps du fornicateur Corinthien, affin de r'amener son ame à resipiscence par l'affliction de sa chair.

5. Qu'vne terrible attente du jugement] est preparée en l'autre vie pour les sales, impudiques, & deshonnestes, puisque dés ce monde Dieu en prend de si hautes vengeances.

6. Sainct Paul, Suiuez la saincteté (c'est à dire, selon Sainct Hierosme, la chasteté) sans laquelle nul ne verra Dieu] dehors les chiens & les infames,] rien de souillé n'entre au royaume celeste] où les adulteres & les fornicateurs n'ont point d'accez] (*E. Petrus Damiani l. 2. Epist. ad Desiderium.*)

L'insolent Concussionnaire.

Histoire XXVI.

Quand le vice se commet parmy les tenebres, encore qu'il ne soit pas moins vice, il est toutesfois moindre vice, d'autant que le scandale ne l'accompagne point, & il est escrit malheur au monde à raison du scandale] & malheur à celuy de qui vient le scandale,] d'autant que pour l'ordinaire le scandale attaché à quelque faute, est plus nuisible que la faute mesme.

Faire gloire de sa confusion,] se vanter des choses mauuaises, & s'esgayer à mal faire,] c'est l'extremité de la malice, l'impieté & l'injustice estant tombée dans ceste profondeur mesprise tout. Que si l'impunité, selon le dire de cet Ancien, est vn merueilleux alleichement au mal, que sera ce quand à l'espoir d'impunité on adjouste encore la raillerie, & que l'on fait vanité des fautes que l'on commet. N'est-ce pas imiter ce Polifeme, qui pour cacher sa deformité, maintenoit que ses laideurs estoient autant de beautez & de graces.

Le Roy Prophete appelle haineux selon Dieu, ceux de qui les pechez sont pardonnez, & selon les hommes qui ne voyent que le dehors, ceux de qui les fautes estoient cachées.] Le mal est moindre quand il est caché, car au moins il demeure sterile, mais quand il est sceu, il se rend plus grand, d'autant qu'il s'estend & se communique aux autres par la contagion naturelle & l'exemple.

Qu'vn Iuge soit concussionnaire, c'est vn mal, mais c'est vn moindre mal quand il est caché, & vn bien plus grand & scandaleux, quand il est cognu, & tres-grand & pernicieux, quand il se tient si asseuré de l'impunité, qu'il s'en rit, voire qu'il s'en glorifie.

On dit que d'vn certain Iuge, de quelque Tribunal subalterne, & de premiere instance, estant accoustumé à l'iniustice, dont le propre est de prendre, non pas de rendre à vn chacun ce qui luy appartient. Ayant vne affaire entre les mains d'assez grande importance, fut sollicité par presens de l'vne & l'autre des parties qui n'ignoroient pas son humeur, & combien ses mains estoient amoureuses de semblables receptes : l'vne des parties voyant que son carrosse estoit debilué, & en assez mauuais ordre, luy en donna vn neuf qui releuoit son equipage, &

pouuoit honorer sa Magistratute ; l'autre partie voyant que ses cheuaux qui n'estoient propres qu'à vn Poissonnier, tant ils estoient chargez de maigre, eussent deshonnoré ce beau carrosse, luy en presenta de mieux refais, & plus elegans. La sentence ayant esté plus fauorable au donneur de cheuaux qu'au presentateur du carrosse, il respondit en gaussant que le carrosse auoit esté entraisné par les cheuaux, adioustant la raillerie à l'injustice qu'il auoit renduë au donateur de carrosse, qui luy en faisoit ses plaintes.

Certes quand l'iniquité en est arriuée à l'effronterie, & que l'on se plaist dans sa turpitude, il faut auoüer que l'on est en vn estat bien deplorable & desesperé.

Vne autre fois ayant veu vne fort belle espée que portoit vn Gentil-homme qui auoit quelque instance par deuant luy contre vn Bourgeois de la ville, & l'ayant loüée comme vne piece rare & de prix, le Gentilhomme qui n'estoit pas moins liberal que genereux, la tira de son costé & la luy donna, ce que le Iuge ne refusa point, tant il estoit habitué à l'Office de Receueur general. Le Bourgeois plus fin, sçachant qu'il faisoit estat des presens comme des pieces d'or, dont les plus grosses & lourdes sont les meilleures, luy fit present d'vne piece d'estoffe pour luy faire vne robe, ou vne foutanne & vn manteau, qui eftoit de toute autre valeur qu'vne efpée. Le baffinet de la Iuftice ayant trefbuché en faueur du Bourgeois, & le Gentilhomme fe plaignant du mauuais feruice que luy auoit rendu fon efpée, le Iuge repartit en fe mocquant, qu'il auoit autrefois appris aux Efcoles,

Cedant arma togæ ————

Se joüant ainfi & de la Iuftice & des parties, & imitant cet ancien Iurifconfulte Trebonian, duquel il eft dit que

Leges finxit pretio atque refinxit.

En faifant comme de la Regle Lefbienne qui s'accommode à toutes mefures, & du brodequin d'Hercules qui fe chauffoit à tous pieds.

Cecy nous enfeigne 1. combien eft ingenieufe la penfée de cet ancien, qui difoit que la Deeffe de la Iuftice s'en eftoit enuolée dans les Cieux, & n'auoit laiffé que fon manteau parmy les hommes encore tout defchiré.

———— *terras Aftræa reliquit.*

2. Que quand l'effronterie eft jointe au vice, comme l'impudence à l'impudicité, & l'infolence à l'injuftice, on peut dire que le deluge des maux inonde toute la terre.

3. Ce que cet ancien difoit,

Historiques. 219

Dij quasi pilas nos homines habent.
Se peut dire des Iuges, qui sont appellez Dieux en tant d'endroits de l'Escriture, & Dieux forts de la terre puissamment esleuez,] lesquels se joüent de la vie, des fortunes, & de l'honneur des hommes comme de pelotes.

4. Que quand ceux qui doiuent punir les fautes des autres, sont dans l'impunité au regard des leur, on ne peut pas esperer grande justice.

5. Que la venalité des charges de judicature est vne chose tres-pernicieuse en vn Estat. Ce qui faisoit dire à cet Ancien Empereur: Ie ne veux point souffrir d'acheteur de charges, car i'aurois honte de punir vn homme qui achete, & puis qui vend. Car il vendra en détail ce que l'on a acheté en gros, c'est le droict des gens. (*Collector magni speculi Exempl. Tit. Aduocatus. Exempl. 2.*)

L'Energie de l'Exemple.

Histoire XXVII.

TAnt de preceptes qu'il vous plaira pour le bon reglement des mœurs, touchant la fuite du vice, & la suite de la vertu, mais il n'est rien de si efficace, ny de plus persuasif en ce sujet que l'exemple. Ce que vous me verrez faire, faites-le, disoient Gedeon & Abimelec à leurs soldats.

Car si la viue voix qui anime vn discours, a vne energie toute autre, & frappe les esprits des Auditeurs d'vne maniere plus puissante que le mesme redigé par escrit & leu. Combien sera-t'il plus energique de voir vne action de vertu, que d'en entendre les descriptions, les distinctions, & les loüanges. Si la vertu consiste en l'action, on l'apprend bien mieux par la practique que par la Theorie.

Cette verité se va clairement manifester par l'Histoire suiuante. Dans la profonde solitude d'vne vaste forest estoit situé vn Monastere de Cenobites, menans vne vie de

Historiques. 221

grande obseruance, & d'austerité merueilleuse. Les Conuentuels y menoient en tetre vne vie vrayement Angelique, ne vacquans qu'aux mesmes exercices de contemplation & de loüanges diuines, qui occupent les Anges & les Saints dans le Ciel.

Mais comme sur le mont Etna l'on voit sortir les flammes du milieu des neiges qui couurent son faiste d'vne continuelle blancheur, si ces Saints Moines s'estoient retirez dans ce desert pour faire vne rigoureuse penitence, vne troupe de brigands y faisoit aussi son repaire, pour y destrousser les passans, & pour euiter dans l'espaisseur des bois les yeux & les mains de la Iustice. Ainsi dans les mesmes forests se retirent les loups auec les cerfs, & les corbeaux auec les tourterelles.

Ces voleurs faisoient mille degasts dans les fermes, les granges, & les troupeaux des Moines, & quand ils manquoient d'occasion d'exercer leurs vols, leur recours estoit sur les biens de ces Cenobites; lesquels, selon la doctrine de l'Apostre, estans sages souffroient volontiers les outrages des malheureux, enduroient leurs coups, leurs violences; la rapine de leurs biens, & qu'ils deuorassent impunement leur substance, faisans tout le bien qu'ils pouuoient à ceux qui les mal traittoient, & prians sans cesse pour la conuersion de ceux qui les persecutoient.

Vn de ces voleurs ayant vn iour rencontré le Superieur qui venoit d'vne des granges du Monastere, pour voir comme y alloit la mesnagerie, il luy dit que s'il ne se determinoit à leur donner des contributions certaines, qu'ils mettroient le feu non seulement dans leurs mestairies, mais encore dans le Conuent. Helas, mon fils, luy dit le Superieur, Pourquoy vous lassez-vous en la voye d'iniquité; & pourquoy prenez-vous tant de peine à mal faire, tout le bien que nous auons est à vous, vous n'auez qu'à demander. Venez à nous en esprit de paix & de tranquilité, & nous sommes prests de vous fournir toutes vos necessitez; & affin que vous ne pensiez pas que ce soit vn piege que ie vous dresse pour vous faire tomber entre les mains de la Iustice, ie vous fourniray tel ostage que vous voudrez, & me remettray moy-mesme entre les mains de vos compagnons, affin qu'ils me traittent selon que meriteroit vne trahison si lasche.

Le voleur fatigué d'vne vie si farouche & si brutale, que celle qu'il menoit dans ceste forest, où pour l'ordinaire il couchoit sur la dure, & n'auoit autre couuert que les branches des arbres, mal traicté, mal nourry, en de continuelles offices de la mort & cruelle & ignominieuse, pensant tousiours auoir vn bourreau à ses costez : Voyant l'ingenuité du Superieur, se fia à sa parole, & luy demáda retraitte pour quelques iours dans son Monastere, afin de se refaire vn peu de sa lassitude & de ses couruées, ce qui luy fut promptement accordé.

On luy donne vne bonne chambre, vn lict bien fait, on n'espargne rien pour le bien seruir, il est honoré, respecté comme Seigneur & Maistre de la maison, on luy donne vn des Peres pour luy rendre toutes sortes de seruices de iour & de nuict, qui ne luy parloit qu'à genoux, & auec des humilitez & des reuerences incroyables. Ce pauure Frere soupple à merueilles faisoit tous ses efforts pour luy complaire, ieusnoit tous les iours, ne viuoit que de pain & d'eau auec quelque peu de potage, ne couchoit que sur la paille, prenant tout son plaisir à rendre à son hoste toutes sortes de debuoirs.

Ce voleur estonné d'vne telle vie, du silence, de la paix, & de la tranquillité de toute la maison, de l'office de iour & de nuict qui s'y faisoit en l'Eglise, & particulierement de l'austere vie du pauure Frere qui le seruoit. Luy dit vn iour, Frere, il faut que vous eussiez fait d'horribles crimes auant qu'entriez ceans, puis qu'on vous y fait faire vne si aspre penitence. Combien auez-vous commis de meurtres, de vols, d'assassinats, de violemens & de paillardises. Le Frere luy respondit tout simplement, que sa conscience ne le remordoit point de tels forfaits, qu'il n'auoit iamais frappé personne, ny rauy le bien d'autruy, ny eu commerce d'aucune femme. Quoy donc, dit le Brigand, Estiez-vous Sorcier ou Magicien, rien moins, reprit le Frere, Pourquoy donc mener vne vie si austere. Helas ! repartit le Frere, quand ie considere ce que IESVS-CHRIST nostre Seigneur a souffert pour moy en la Croix, & le trop grand amour qu'il m'a porté, & qui l'a porté à ces excez, y a-t'il rien d'aspre & de fascheux qui ne deuienne doux par ceste veuë, & y a t'il rien de penible qui ne se rende agreable. Pourquoy n'aimeray-je pas celuy qui m'a aymé le premier, & qui m'a tesmoigné vne telle dilection.

Cela toucha si puissamment l'esprit de ce voleur, que son cœur en fut amolli & fondu comme de la cire au milieu de sa poitrine.] & le moment de sa visitation de l'Orient d'en haut,] estant arriué, en vn instant, il fut, comme vn autre Saul, changé
de lou

de loup en agneau, de persecuteur en protecteur, de marteau en enclume. Il s'alla jetter aux pieds du Superieur, le priant d'auoir pitié de son ame, & de le receuoir au nombre de ses enfans. Ce qui fut fait, & comme les œuures de Dieu sont parfaites, & toutes ses voyes judicieuses,] n'appellant iamais à vne fin qu'il ne donne les moyens d'y arriuer.] Le Brigand conuerty fut du nombre de ces violens, qui rauissent les cieux; car prenant pour modele celuy qui en la Croix vola si promptement le Paradis à IESVS-CHRIST,] en peu de iours il accomplit beaucoup d'années, & par de grands & signalez exercices de penitence, il effaça ses crimes precedens, & se fraya le chemin à vne haute vertu.

1. Combien peut la douceur sur les courages les plus farouches & barbares.

Nemo adeò ferus est qui non mitescere
possit,
Si modo culturæ patientem commodet aurem.

2. Que la vertu de condescendence est excellente, puis qu'elle plie ainsi les esprits & les flechit à ce qu'elle veut. Celuy-là est maistre de la volonté d'autruy, qui le rend maistre de la sienne. Tout ainsi que quiconque mesprise sa vie, est maistre de celle d'autruy.

P

3. Ceux qui disent & font seront grands au Royaume des Cieux,] mais celuy qui dit le bien & ne le fait pas, sera puny au double, pour auoir sceu la volonté du maistre, & ne l'auoir pas executée.]

4. C'est vne merueilleuse predication que celle d'vne vie exemplaire, c'est vne goutte laquelle caue insensiblement la pierre.

—————— *Non vi, sed sæpè cadendo.*
C'est vne eau forte qui graue sans aucun bruit sur l'airain, & les matieres les plus dures.

5. Admirez la suauité de la misericordieuse prouidence de Dieu en la conuersion du Brigand.

6. Voyez icy la verité du mot du Psalmiste, que la patience des pauures ne perit point à la fin.

7. Et de celuy d'vn autre Prophete, que celuy qui seme du vent, ne recueille que des tourbillons & des tempestes,] mais celuy qui seme des benedictions recueille des benedictions.]

8. Que Dieu attaint d'vn bout à l'autre puissamment, mais auec des dispositions fort suaues.] (*Pelbartus de Themesuar in Pomœrio Sermon. ex Iacobo de Vitriaco Cardinale & Archiepisc. Cameracens.*)

La Recherche honteuse.

HISTOIRE XXVIII.

IL n'en est pas de Dieu comme des Roys & des Princes qui sont de petits Dieux sur la terre. Nous ne sçaurions rien faire de nous-mesmes comme de nous-mesmes] qui soit digne de celuy-là. Si nous faisons quelque chose qui luy plaist, c'est par sa grace, que nous le faisons, & par elle-mesme que nous sommes ce que nous sommes.] Non moy, disoit le grand Apostre, mais la grace de Dieu en moy, auec moy, & par moy.] J'ay dit au Seigneur (ainsi parle Dauid) vous estes mon Dieu qui n'auez que faire de mes biens.] Quoy que nous puissions faire pour luy, nous sommes seruiteurs inutiles, & nous ne sçaurions faire que nous ne luy deuions, puisque nous luy deuons tout nostre estre, & par consequent tout ce qui en sort, joint que sa gloire interieure estant infinie, nous n'y sçaurions rien adjouster. Et la creation de mille mondes ne le peut rendre plus grand ny plus glorieux qu'il est en luy-mes-

P ij

me, l'infiny ne pouuant estre augmenté non plus que diminué.

Il n'en est pas de mesme des Roys de la terre, & de terre, lesquels quelques grands & puissans qu'ils soient, ne sont pas infinis, & n'ont iamais tant de richesses, qu'ils puissent non pas enrichir tous leurs sujets, (leur grandeur ne s'estend pas jusques là) mais seulement ce peu de Courtisans qui se pressent autour d'eux, & qui les enuironnent, comme des abeilles autour d'vn rayon de miel. Il y en a tousiours beaucoup plus de mal contents que de satisfaits, & pour vn qui fait ses affaires à la Cour, plusieurs s'y ruinent.

Ioint qu'ils n'en peuuent auancer quelques-vns qu'au preiudice de plusieurs, estant certain que le profit de ceux là, est le dommage des autres, la generation d'vne chose estant la corruption d'vne autre dans la nature, & dans la politique l'auantage & l'auancement de l'vn, estans la perte & le r'abaissement d'vn autre. Les plus accommodez fauoris estans pour l'ordinaire des plus grandes sang-suës des peuples.

Que si durant la paix ils ont si peu de moyen d'enrichir quelque peu de leurs sujets, que ce ne soit à la foule & surcharge du peuple. Combien moins peuuent-ils durant la guerre recognoistre dignement les seruices des Capitaines & des soldats, qui les garantissent des inuasions de leurs ennemis, & qui les en rendent victorieux & triomphans, voire qui les font conquereurs au peril de leurs vies, & par la perte de leur sang. Y a-t'il quelque digne prix sous le Ciel qui puisse dignement payer le sang & la vie d'vn homme, non pas mesme le danger où il l'expose, car que sont tous les biens honorables, vtiles ou delectables qui sont en la terre si la vie est ostée. Et tous ces biens qui consistent plus en opinion qu'en vn effect solide, meritent-ils qu'on la hazarde pour les acquerir.

C'est pour cela que Dauid grand Roy, & qui cognoissoit par vne lumiere diuine, autant qu'aucun autre le fort ou le foible des Roys, disoit fort bien qu'il ne se falloit point confier aux Princes, qui n'estoient qu'hommes & enfans des hommes, ausquels il n'y auoit point de salut.]

L'vn des signalez exemples que l'Histoire nous fournisse d'vne extreme mescognoissance, est celuy de Ferdinand Roy d'Arragon & de Castille enuers l'excellent & renommé Gonsalue surnommé le Grand Capitaine, à raison de ses haults faits d'armes, & de sa judicieuse conduitte en l'art militaire. Car apres qu'il luy eut conquis le Royaume de Naples, & qu'il en eut, partie par ruze, partie par force, chassé les François, ce Roy estant entré en ialousie contre luy, & en défiance qu'il se voulut emparer du mesme Royaume, & en mettre la Couronne sur sa teste, les ayant r'amené & retiré auec tous les artifices que la feinte & la dissimulation puissent inuenter, estant de retour en Espagne, il le relegua dans la solitude de sa maison, le laissant sans honneur & sans employ le reste de ses iours, apres auoir cherché tous les moyens de luy faire perdre la vie & l'honneur par toutes sortes de supercheries colorées de quelque pretexte de iustice.

Entre autres il luy suscita vne accusation de peculat, comme ayant abusé de ses deniers Royaux dans les guerres de Naples, & les ayant tirez à son profit; ce qui estoit si esloigné de la verité, qu'il reuint plus pauure de ceste commission, qu'il n'y estoit allé, s'y estant tellement engagé, qu'en sa retraitte il auoit peine à viure, & mourut en de grandes incommoditez.

Il fallut neantmoins qu'il respondist à vne si honteuse accusation, en laquelle il y eust eu plus à gaigner qu'à perdre pour luy, s'il eust pû faire condamner son accusateur à restitution, & à l'amende. Il le fit donc, & apres auoir recognu la recepte des deniers, selon la closture des contes des Financiers, qui en auoient fait la deliurance par ses ordres, il fit de telles parties de mises, qu'il se trouua que Ferdinand luy estoit reliquataire de sommes si prodigieuses, que la vente mesme du Royaume conquis, ny toutes les finaces & reuenus de ses autres Estats, n'eussent pas esté suffisans pour le satisfaire de ce qu'il pretendoit luy estre deub de reste, la mise passant infiniment la recepte.

Ferdinand entrant en colere là-dessus, comme estimant qu'il se mocquast de luy, demanda où il auoit pris ce surplus, dont il auoit fait vn si large employ, sur les villes conquises, respondit-il, & sur les ennemis, desquels au lieu de partager les despoüilles aux soldats, & de m'enrichir de la part du butin qui m'appartenoit, i'ay employé le tout aux fraiz d'vne si glorieuse conqueste : laquelle seroit encore à faire, si i'eusse esté plus auide de mon profit que de la gloire de mon païs & de mon Prince, lequel recognoist assez mal les seruices que ie luy ay rendus, m'ostant ce qui m'appartient au lieu de recompenser mes trauaux & ma fidelité.

Cela picqua au vif Ferdinand, lequel depuis ce temps-là voyant qu'il ne pouuoit pincer sur la glace des actions de ce grand homme, dont le peché estoit de l'auoir trop bien seruy, il le laissa là rongeant son frein, sans vouloir iamais plus ny le voir ny l'entendre.

Donnant par ces memorables leçons de politique. 1. Que les Roys & les Potentats ne voyent pas volontiers ny de trop bon œil ceux qui leur ont rendu de si grands seruices, qu'ils ne sont pas capables de les recompenser, d'autant qu'en les voyant, ils ont deuant eux vn continuel reproche de leur impuissance; ce qui les fasche d'autant plus qu'ils voudroient paroistre non seulement tres-puissans, mais tout-puissans ; & semblables à ce Tres-haut, qui est plus grand que nos cœurs ;] qui surmonte nostre science] & qui est riche en misericorde sur tous ceux qui l'inuoquent.]

2. Que le mal-heur des grands Capitaines est tel, que s'ils sont vaincus (car l'euenement de la guerre est incertain) aussi-tost ils sont calomniez comme lasches, ou comme ignorans en leur profession, ou, qui est le pis, comme traistres, & s'entendans auec les ennemis, pour faire durer la guerre, & se rendre necessaires. S'ils demeurent victorieux, & qu'ils acquierent trop de reputation, le Prince en deuient ialoux, & les regarde com-

me les riuaux de sa gloire qu'il veut auoir toute entiere, quoy que bien souuent il n'ait point dansé dans le peril, & n'ait fait autre chose que payer les menestriers, c'est à dire, frayé les despens de la guerre.

3. Que l'ingratitude est le salaire commun des trop grands seruices, & qui sont de telle nature qu'ils ne se peuuent dignement recompenser par les Princes.

4. Que la reputation du grand Capitaine percera la suitte des âges, & demeurera long-temps florissante dans la memoire de la posterité. Au lieu que celle de la honteuse recherche de ce Prince, (qui d'ailleurs auoit de belles & notables qualitez) apportera quelque tache à la sienne, d'auoir si mal recognu les seruices d'vn homme qui luy auoit conquis vn Royaume, & qu'il ne pouuoit gratifier ny recompenser assez longuement. (*Le Collecteur des Histoires Anciennes & Modernes appariées liure* 1. *chap:* 73.)

L'Opiniaſtreté guerie.

HISTOIRE XXIX.

ENtre les maladies d'eſprit, l'opiniaſtreté eſt communement rangée parmy les incurables. Elle eſt la mere de l'impenitence, laquelle eſtant finale, eſt vn peché contre le Saint Eſprit, qui ne ſe pardonne ny en ce monde ny en l'autre. Il y a remede à tout, ſinon à l'opiniaſtreté. Vn eſprit aheurté à ſes opinions, eſt ordinairement intraittable, & comme vn marron qui picque de tous coſtez, on ne ſçait par où le prendre. Il eſt de ceux dont parle le Prophete Roy, qui ſont faits comme vn mauuais arc, & fort voiſins du ſens reprouué.

Vous allez voir neantmoins vne cure fort induſtrieuſe, & qui paroiſt comme miraculeuſe, (& à dire le vray, la grace ſurnaturelle eſt vn pur miracle) faite par vn pieux Medecin en l'ame d'vn Prince beaucoup plus malade d'eſprit que de corps, par laquelle il rendit en meſme temps & la ſanté au corps, & la ſainteté à l'ame.

Historiques. 235

Louis Lantgraue (c'est à dire Comte de païs en langage Allemand) & Prince Souuerain de Turinge, auoit tellement chauffé dans sa teste l'impression de la Predestination, qu'il n'auoit point d'autre replique à toutes les remonstrances qu'on luy faisoit de corriger ses mœurs, qui estoient vicieuses & scandaleuses, sinon qu'il estoit predestiné, & que s'il auoit à estre damné, il le seroit infailliblement, quoy qu'il pûst faire de bien, & aussi s'il deuoit estre sauué, il le seroit indubitablement quelques pechez qu'il pûst commettre, d'autant que Dieu luy donneroit pour cet effect la Penitence finale, & qui luy seroit necessaire à salut.

Et quand il vouloit donner plus ample carriere à son esprit sur ce sujet, il disoit que tout estant present à Dieu, deuant lequel il n'y a ny passé ny aduenir, il estoit desia damné ou sauué deuant luy, & par consequent, quoy qu'il fist de bien ou de mal, il ne pouuoit enfraindre le decret qui estoit fait, ny appeller de la sentence desia prononcée contre luy, aboutissant ainsi dans l'opinion du Destin, auquel les Anciens Philosophes assujettissoient Dieu mesme, selon ce que disoit ce Poëte Philosophe :

Fata regunt orbem, certâ stant omnia lege.
Et comme vn abysme en appelle non seu-

lement vn autre, mais plusieurs, il laschoit la bride à tous ses appetits, & comme Salomon il ne denioit rien aux desirs de sa nature corrompuë, marchant apres les conuoitises de son cœur, & allant à pleines voiles apres ses inuentions.

——— omnia fatu
In peius ruere, & retro sublapsa referri.

Il estoit de ceux dont le Prophete disoit qu'ils auoient rompu leur joug dés le commencement, & dit, Nous ne seruirons point] voire enfans de Belial,] c'est à dire, sans subjection. Voilà où la doctrine de la Predestination mal entenduë precipite certains esprits fols, qui neantmoins s'appellent forts, & presument de leur vigueur, faisans comme les papillons qui bruslent leurs aislerettes au flambeau, dont ils trouuent le flamber beau, s'esuanoüissans, comme dit Sainct Paul, & s'espanoüissans en leurs pensées, & d'autant plus insensez qu'ils s'estiment plus sages.

Car s'ils sçauoient que Dieu ne predestine iamais à vne fin, qu'il ne donne les moyens d'y arriuer, & que nous cachant la fin heureuse ou malheureuse, à laquelle nous tendons pour vne eternité, nous defendant de penetrer & sonder vn abysme, & n'abandonnant à nostre cognoissance que les moyens

Historiques. 237

qui conduisent à l'vne ou à l'autre. Plusieurs ne seroient pas si inconsiderez, que de laisser ce qu'il nous permet, voire mesme ce qu'il nous commande d'enuisager, sçauoir, ces moyens-là, pour nous porter auec temerité à vouloir penetrer le secret qu'il a reserué à sa seule cognoissance : l'aduenir estant vn enigme pour nous, à raison qu'il ne nous appartient pas de sçauoir les temps, & les moments que Dieu a gardez pour son pouuoir.]

Or il est constant & par la lumiere naturelle de la raison, & par la surnaturelle de la foy, que ceux qui feront bien, iront à la vie eternelle ; & ceux qui feront mal aux tourmens qui n'auront point de fin.] Voyons donc en quelle voye nous sommes, en quel sentier nous addressons nos pas, asseurez de trouuer à la fin le vray terme où nous portent nos desmarches. Si nous sommes en de mauuaises voyes, retirons nous en, pour obseruer la Loy de Dieu,] & faisons en sorte que nous cheminions, voire que nous courions en la voye des diuins Preceptes] qui est le vray chemin qui nous monstre le salutaire de Dieu.] Dieu sçaura bien reuocquer sa sentence de condamnation, dit vn Ancien Pere de l'Eglise, si nous sçauons nous retracter de nos vicieuses habitudes, & remettre nos pas dans les sentiers de Iustice.]

Le Prince dont nous parlons, estant dans ceste deplorable conjecture, le voulut r'amener au bon chemin par vn coup de foüet & de baston,] par vne bonne & forte maladie, qui par de vehementes & aiguës douleurs le porta en peu d'espace aux portes de la mort. Pour se soulager dans ses souffrances, & euiter l'horreur du sepulchre, dont la seule memoire est si amere à vn homme qui a sa paix & ses contentemens dans de grands honneurs, des richesses im...nses, & d'extrêmes plaisirs, comme ont les Souuerains, le Medecin fut appellé. Cettuy-cy, outre qu'il estoit bon Medecin, c'est à dire, sçauant & experimenté en sa profession, estoit encore bon d'vne bonté interieure & de conscience, pensant autant au salut des ames, qu'à la santé du corps des infirmes, à la cure desquels il estoit appellé. Estant Medecin ordinaire du Prince, il ignoroit aussi peu les desordres de son ame que les desbauches de son corps; celles-cy n'estans que les appanages des desreiglemens de son esprit, & les desreiglemens de son esprit tirans leur origine de ce principe faux de la doctrine de la predestination mal entenduë, & encore plus mal pratiquée.

S'approchant donc de Lantgraue pour sçauoir de quel mal il estoit attaint, & voyant qu'il estoit tres-dangereux, il ne luy dissimula point que sa vie estoit en peril, ne faisant pas comme ceux qui cachent aux malades, principalement aux Princes, le visage affreux de la mort, & qui n'osent leur dire comme le Prophete à ce Roy, Dispose de ta maison exterieure, & plus encore de l'interieure, qui est la conscience, car tu es dans les termes de mourir.]

Le Lantgraue qui ne pensoit pas estre si voisin du cercueil, fut bien surpris de ceste nouuelle, & luy demandant ce qu'il falloit faire pour s'en defendre, le prudent Medecin sçachant que les maladies ne sont que les effects, dont les pechez sont la cause, & qu'il est mal aisé de faire cesser celles-là, si celle-cy n'est ostée, ne luy dit autre chose sinon qu'il falloit se recommander à Dieu, deuant qui tout estant present, il estoit desia vif ou mort. Le nombre de nos iours estant en sa main,] lequel ne pouuoit estre outrepassé,] que s'il auoit à mourir, tous les remedes de la Medecine luy seroient inutils, car contre les efforts de la mort il n'y a point d'herbe ny de medicament dans le jardin Et s'il deuoit viure, les Medecins n'estoient pas necessaires, au contraire, ce seroient de seconds maux adioustez aux premiers, qui ne feroient que haster le pas de la mort.

Le Prince luy dit, Quoy me laisseriez-vous donc mourir ainsi, sans m'apporter aucun soulagement? Seigneur, reprit le Medecin, I'offenserois l'espée de laquelle vous vous faites tout blanc, & ie choquerois la doctrine de laquelle vo° faites si ouuerte profession touchant la Predestination de l'ame, si j'vsois de mes remedes enuers vostre corps. Il n'en est pas du corps comme de l'ame, dit le Prince. Quoy, repliqua le Medecin, Dieu est-il moins Dieu du corps que de l'ame? luy qui a dit qu'vn seul cheueu de nostre teste ne tombe point sans l'ordre de sa Prouidence, & qui a soin des plus petits oysillons. Pour auoir en recommandation la vie eternelle de nostre ame, negligea-t'il de penser à la corporelle? Vous imaginez-vous qu'il marche là haut sur les gonds & les astres des Cieux, sans auoir aucun égard à ce qui se passe icy bas en la terre.]

Il n'est pas temps, dit le Prince, de penser aux choses de l'autre vie, il est question de pouruoir à la presente par les remedes de vostre art. Cette vie, repliqua le Medecin, n'est qu'vn acheminement à l'autre par la route de la mort, faut-il auoir plus de soin de ces momens passagers que nous coulons comme l'eau sur la terre] que de l'eternité, dequoy seruiroit à l'homme de gaigner tout
le monde

Historiques. 241

le monde & de perdre son ame, & de viure iusques à la consommation du siecle, & puis estre damné pour iamais.

Pensons à ma santé, dit le Prince, & puis nous disputerons à nostre aise des choses à venir. Seigneur, repartit le Medecin, c'est le present qui fait l'aduenir, & selon que nous croirons & ferons en ce monde, nous serons eternellement bien ou mal en l'autre. Ioint que les maladies corporelles n'estans que les ombres & les suittes des spirituelles, & les funestes apports des erreurs & des pechez, il est mal aisé de chasser les effects sans bannir la cause, & que Dieu benisse les remedes que l'on applique à vn malade qui le maudit soit en pensées, soit en paroles, soit en œuures, or c'est le maudire, que de croire & de faire autrement qu'il ne veut, il n'exauce pas volontiers les pecheurs] & sa loüange n'est pas specieuse en la bouche de ceux qui le blasphement.] S'il ne bastit la maison, en vain trauaillent ceux qui l'edifient, s'il ne garde la Cité, ceux qui y font la ronde, veillent inutilement,] & s'il ne concourt à nos remedes, tout l'art de la Medecine ne sert de rien pour recouurer la santé.

Ie croy, dit le Prince, que Dieu donne de la vertu aux herbes pour nostre guerison.

Q

L'Ame, dit le Medecin, est plus que le medicament, ny que la viande, comme le corps est plus considerable & precieux que le vestement, c'est pourquoy si vous croyez que la vertu de la medecine peut prolōger vostre vie corporelle, pourquoy ne croiriez-vous pas que la Penitence, qui est la medecine de l'ame, & qui nous fait aualer la potion de l'eau de la sagesse salutaire] puisse donner à vostre ame vne vie eternellement heureuse, plustost que ie ne sçay quel destin.

A ce mot, l'instant de sa visitation de l'Orient d'en haut] les escailles tomberent des yeux de Lantgraue, & son cœur auparauant froid & pesant comme vn talent de plomb] fondit tout à coup comme celuy de Saint Paul, & fut rendu comme de la cire molle au milieu de sa poitrine, & capable de receuoir les saintes impressions du sceau de la verité. Dieu luy faisant cognoistre ses choses inuisibles, ainsi que l'Apostre parle, par les visibles,] les spirituelles par les corporelles, les eternelles par les temporelles, & frappé du rayon celeste qui luy destille les yeux, il s'escria: Parlez, Seigneur, car vostre seruiteur escoute,] ie suis prest d'estre enseigné de vous] vous m'auez chastié, & m'auez reduit sous vostre joug, estant aupa-

Hiſtoriques. 243

rauant vn taureau indompté,] voſtre verge & voſtre baſton me conſolent,] en me terraſſant vous me faites reuenir à vous, non iamais ie n'oublieray vos juſtifications, car par elles vous m'auez donné la vie.]

Et ſe tournant vers le Medecin, Mon amy, luy dit-il, vous ſerez deſormais le double Medecin & de mon corps & de mon ame, & plus encore de mon ame que de mon corps, car vous me venez de fournir vn collire, qui me fait dire, ie ſuis allé, ie me ſuis laué, & i'ay veu. Ie me rends à Dieu & à ſa ſainte Prouidence, qu'il faſſe de moy ce qui ſera bon deuant ſes yeux. Ie luy remets la vie de mon corps & de mon ame, & temporelle & eternelle, & j'implore ſur moy ſon immenſe miſericorde, j'eſpere que ne meſpriſant pas le cœur contrit & humilié,] qu'il mettra en oubly les fautes, les erreurs, & les ignorances de ma jeuneſſe] & que ſur cela il n'entrera point en jugement contre moy.]

Le Medecin rauy d'aiſe de voir vn tel changement de la main du Tres-haut dans le cœur de ſon Prince, (car Dieu a en ſa main le cœur des Roys, & le remuë comme le courant des eaux.) l'aſſeura que Dieu donne la gueriſon à ceux qui ſont contrits de cœur,] & que rendant la grace ſanctifiante

Q ij

à son ame, c'estoit vn signe infaillible qu'il vouloit rendre la santé à son corps. Et certes il fut Prophete, car comme le Sauueur guerissant ceux qu'on luy amenoit, atteints de toutes sortes de maladies, en les rendant sains de corps, les rendoit encore saints d'esprit, par la grace qui justifie, laquelle il respandoit en leurs ames par le Saint Esprit, qu'il leur donnoit.] Aussi iugeoit-il que les œuures de Dieu estans parfaittes sans aucun deffaut, il ne commençoit pas à sanctifier l'ame de Lantgraue par la componction de la Penitence, qu'il ne voulut acheuer en luy, la guerison du corps, quelque dangereuse que fust sa maladie. Car celuy qui commence arriue à sa fin par des moyens suaues] nulle parolle luy estant impossible, & n'estant pas comme cet homme repris en l'Euangile, qui commença vn bastiment qu'il ne pût acheuer.

Il fut & Medecin & Prophete tout ensemble, car ce Prince ayant par son cõseil, eut recours au lauoir de Siloë, à la piscine probatique du Sacrement de Penitence, qui est vne source ouuerte en la maison de Iacob pour le nettoyement du pecheur & de la personne soüillée: la sanctification de l'ame passa bien-tost apres, Dieu benissant les remedes de la Medecine en la guerison du corps. Dieu ayant exaucé la priere de cet Ezechias en luy prolongeant sa vie : & estant parfaittement guery, le Medecin eust eu sujet de luy dire, maintenant que vous estes sain, soyez saint aussi, & vous gardez de pecher, & sur tout de retourner à vostre vomissement, & dans vostre bourbier, de peur que pis ne vous ariue.

1. Estonnez-vous du rauage que fait dans vne ame vne mauuaise & erronée opinion, quand elle y a jetté de profondes racines.

2. Que le secret de la predestination est impenetrable à l'esprit humain, puisque ce diuin homme, passé Docteur en l'Escole du troisiesme ciel, ne nous en dit autre chose, sinon : O hautesse des richesses de la sagesse & science de Dieu, que ses iugemens sont incomprehensibles, & ses voyes impenetrables!] qui est-ce qui a cognu le sens du Seigneur, ou qui a esté son Conseiller?]

3. La vexation, c'est à dire, l'affliction ou corporelle ou spirituelle, donne de l'entendement à l'oüye,] c'est à dire, ouure les yeux de l'esprit vers la cognoissance de la verité, & porte la volonté vers le bien. Selon ce que dit le Psalmiste : Ie me suis conuerty

en ma tristesse, tandis que l'espine me poingt.]

4. Que la doctrine de la Predestination mal entenduë, est vne source de beaucoup de desordres, tant en l'entendement qu'en la volonté : que ce charbon ne se doit pas manier sans pincettes, puisque l'Ange en prit pour manier ceux de l'Autel.

5. Que l'Escriture est vn glaiue tren-chant des deux parts, & dangereux en la main de ceux qui ne le sçauent pas manier comme il faut, puisque les heresies procedent de la mauuaise intelligence des Escritures.

6. Que les bons Medecins, en visitant les malades doiuent autant penser au salut de leurs ames, qu'à la santé de leurs corps, autre-ment ils sont preuaricateurs en leur vaca-tion, & Dieu leur en fera rendre vn conte exact en son jugement. Ils doiuent soigneu-sement aduertir les malades du peril où les mettent leurs maladies, affin qu'ils don-nent ordre à leurs affaires temporelles & eternelles.

7. Enfin que l'estroitte liaison qui est entre l'ame & le corps, fait que la sainteté de l'vne (laquelle consiste en la grace justifiante ou sanctifiante) contribuë ex-tremement à la santé de l'autre, toutes

les maladies n'estans que les funestes apports du peché. (*Nicolas de Nise Traitté 1. de la Divine Providence.*)

F I N.

www.ingramcontent.com/pod-product-compliance
Lightning Source LLC
Chambersburg PA
CBHW070629170426
43200CB00010B/1955